Alle Altersstufen

Rudi Lütgeharm

BEWEGUNGS-LANDSCHAFTEN

ABENTEUERTURNEN

organisieren ↔ ermöglichen

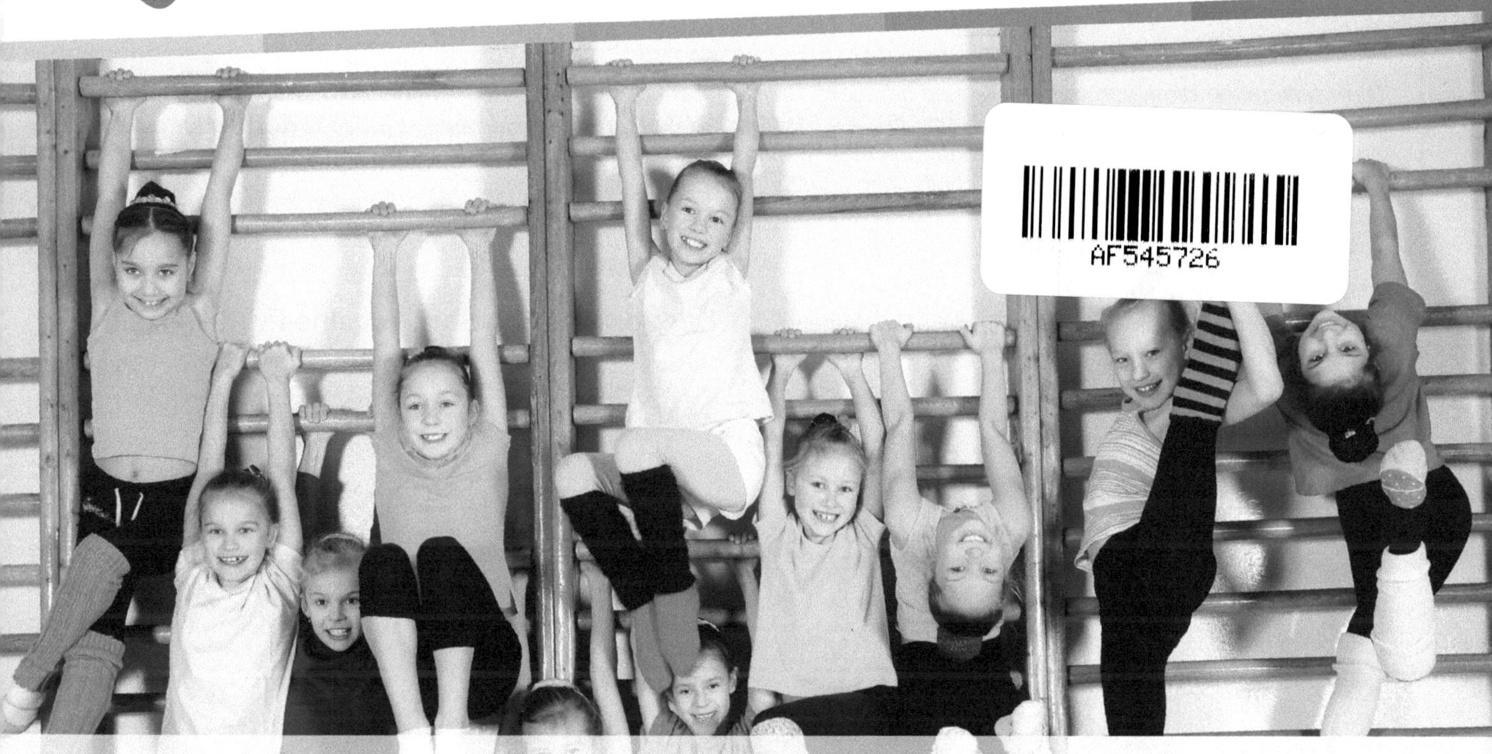

- Gerätaufbau – Übungsorganisation
- Hinweise und Tipps zur Sicherheit
- Klein- und Großgeräte nutzen

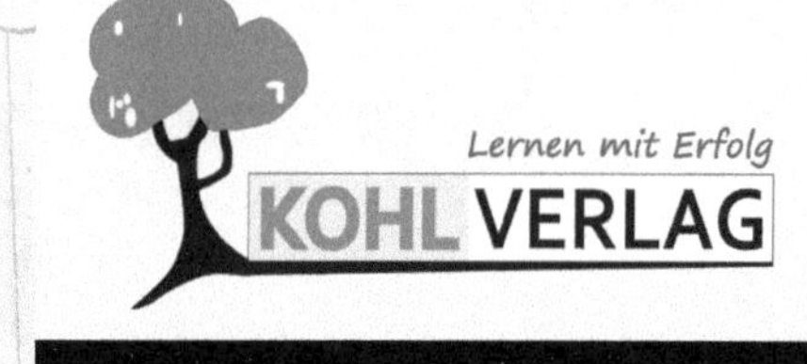

www.kohlverlag.de

Bewegungslandschaften

Abenteuerturnen organisieren – ermöglichen

5. Auflage 2025

Inhalt: Rudi Lütgeharm
Umschlagbild: © Shmel - AdobeStock.com
Illustrationen: Scott Krausen
Bildnachweise: S. 17 oben: © lumen-digital - AdobeStock.com; unten: © Round turn and two half hitches; Urheber: Stephan Brunker, wikipedia.org
Redaktion: Kohl-Verlag
Grafik & Satz: Kohl-Verlag
Druck: elanders Druck, Köln

Bestell-Nr. 12 266

ISBN: 978-3-96040-433-0

Kontakt: Kohl-Verlag, An der Brennerei 37-45, 50170 Kerpen
Tel: +49 2275 331610, Mail: info@kohlverlag.de

Gliederung

Praxis

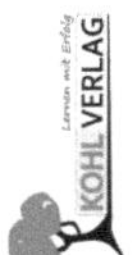

BEWEGUNGSLANDSCHAFTEN Abenteuerturnen organisieren – ermöglichen – Bestell-Nr. 12 266

Vorwort

> **„Es gibt kein Fach, das so viel für andere Fächer macht wie der Sport"**
> (Sabine Sabinarz-Otte, Bundeselternrat)

Pädagogen und insbesondere Sportlehrer weisen immer wieder auf die oben angesprochene besondere Bedeutung des Sports hin, wobei das Ansprechen natürlich nicht ausreicht, überzeugender ist ein guter Sportunterricht im Schulalltag.

Die Institution Schule selbst und jeder Sportlehrer „vor Ort" muss sich fragen, ob der herkömmliche Sportunterricht „noch ankommt" und/oder ob die Inhalte und die Gestaltung evtl. verändert werden müssen.

Heute springen junge Leute über Geländer und Absätze aus Beton. Alles was so in der Stadt herumsteht wird als Hindernis benutzt und soll ohne Hilfsmittel überwunden werden. Man spricht vom Trendsport „Parcours".

Diese Form des Sporttreibens/Bewegens fördert Kraft, Ausdauer, Koordination und Geschicklichkeit. In veränderter Form hat es das früher auch schon gegeben, man nannte so etwas Hindernisturnen.

Ist es nicht möglich, ähnliche Bewegungsangebote in der Sporthalle im normalen Sportunterricht zu organisieren? Natürlich müssen das fachliche Angebot so ausgewählt und die Organisation so gestaltet werden, dass die Aufsichts- und Fürsorgepflicht der Schule und des Sportlehrers gewährleistet sind.

Wenn im Sportunterricht die traditionellen Sportgeräte „alternativ" genutzt und zu Gerätearrangements zusammengestellt werden, entsteht auch ein „Parcours". Ausgehend von den Grundtätigkeiten Balancieren, Wälzen, Rollen, Hangeln, Schaukeln, Schwingen, Hüpfen, Springen, Stützen und Steigen, Klettern etc. machen die Schüler dabei ganz neue Bewegungserfahrungen, erfahren Abenteuer, Risiko und Wagnis – die Sporthalle wird zu einer „künstlichen Abenteuerwelt". Die Großgeräte werden so kombiniert und arrangiert, dass sie einem „Abenteuerspielplatz" gleichen.

Die Schüler werden die neuen und zunächst ungewohnten Bewegungsaufgaben mit hoher Motivation angehen und diese Vielfalt individuell nutzen.

Man darf nicht vergessen, Bewegungslandschaften in Form eines „Parcours" oder eines Gerätearrangements machen nicht nur Spaß, sondern ermöglichen auch außergewöhnliche Erfahrungen mit Schwerkraft, Gleichgewicht und Raumlagen. Außerdem kann durch die sorgfältige Auswahl der Inhalte, der Mut und die Risikobereitschaft der Schüler angeregt werden.

Dieses Buch veranschaulicht mit viel Praxis, wie die traditionellen Turn- und Sportgeräte alternativ genutzt und zu Gerätekombinationen zusammengestellt werden können.

Zu den genannten Grundtätigkeiten Balancieren, Wälzen, Rollen, Hangeln, Schaukeln, Schwingen, Hüpfen, Springen, Stützen, Steigen und Klettern finden Sie eine Vielzahl von „Bausteinen", die die vielfältigen Übungsmöglichkeiten veranschaulichen. Aus diesem Angebot kann sich jeder Sportlehrer schnell geeignete „Bausteine" heraussuchen und zu einer Bewegungslandschaft für seine Klasse zusammenstellen.

Ziel muss es sein, Bewegungslandschaften – Abenteuerturnen nicht nur an Projekttagen, in einer Projektwoche, an besonderen Sporttagen, an Schulfesten etc. durchzuführen, sondern auch in einer ganz normalen Sportstunde von 45 Minuten bzw. in einer Doppelstunde von 90 Minuten zu organisieren.

Auch dafür bietet dieses Buch Hilfen und nennt am Ende jedes Kapitels ein einfaches Beispiel für eine normale Sportstunde von 45 Minuten und ein etwas aufwendigeres Beispiel für eine Doppelstunde von 90 Minuten.

Die nach Grundtätigkeiten geordneten Bausteine bieten die Möglichkeit, selbst Bewegungslandschaften unter Berücksichtigung der jeweiligen Klasse zusammenzustellen.

Viel Spaß beim Ausprobieren der in diesem Buch genannten Beispiele und viel Erfolg beim Zusammenstellen der hier angebotenen Bausteine zu einer neuen Bewegungslandschaft wünschen der Kohl-Verlag und

Rudi Lütgeharm

1 Schulsport in Bewegung – Groß- und Kleingeräte alternativ nutzen

Der Sportunterricht an den Schulen ist in „Bewegung“ geraten. Seit einiger Zeit sind Bewegungslandschaften und Abenteuerturnen (Abenteuersport) in aller Munde.

Im Sportunterricht wird neben den bekannten traditionellen Sportarten auch immer mehr „nicht normierte sportliche Angebote“ wie Gerätearrangements in Form von Bewegungslandschaften – Abenteuerturnen, Akrobatik und Jonglage, Krafttraining wie im Fitnessstudio usw. angeboten.

Bewegungslandschaften und Abenteuerturnen werden heute immer wichtiger, weil sie Bewegungserlebnisse im Sinne außergewöhnlicher Körpererfahrungen vermitteln. Die Ursachen liegen in der „Verarmung“ bzw. Einengung der natürlichen Umwelt der Kinder und Jugendlichen – grundlegende Alltags- und Bewegungserfahrungen sind nur noch bedingt möglich.

Die Aufgaben an einer Bewegungslandschaften stellen ganz besondere Herausforderungen an die Schüler, fordern Wagnis und Risiko. Manchmal kann der Schüler* dabei auf eigene (schon gemachte) Bewegungserfahrungen zurückreifen, z. B.

- auf eine Mauer zu klettern, sich abzustützen und anschließend darüber zu balancieren und runter zu springen *(Abb. 1)*;

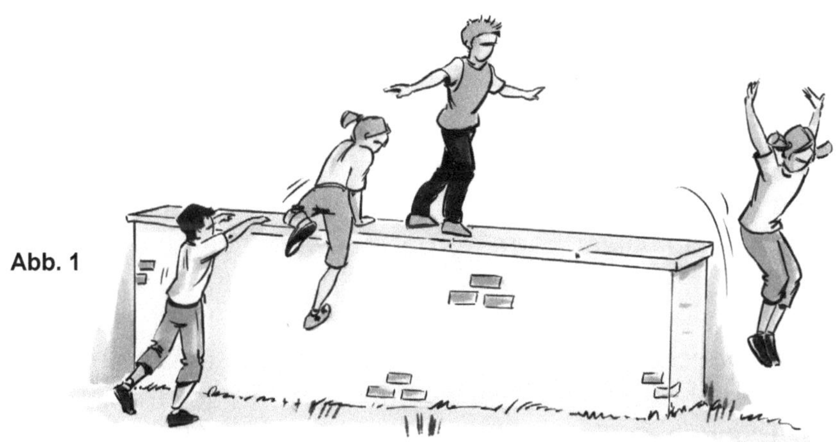

Abb. 1

- einzuschätzen, ob man über den Baumstamm bzw. dicken Ast balancieren kann *(Abb. 2)*;

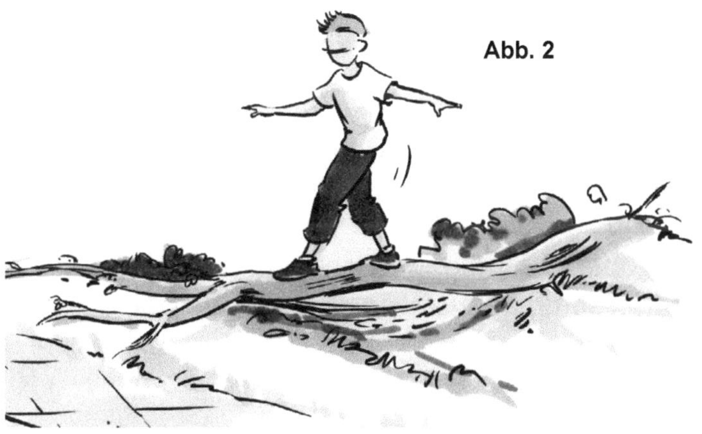

Abb. 2

**Mit Schülern bzw. Lehrern etc. sind im vorliegenden Band selbstverständlich auch die Schülerinnen und Lehrerinnen gemeint. Zur besseren Lesbarkeit beschränken wir uns in diesem Band überwiegend auf die männliche Anrede.*

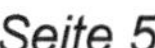

KOHL VERLAG
BEWEGUNGSLANDSCHAFTEN
Abenteuerturnen organisieren – ermöglichen – Bestell-Nr. 12 266

- sich hängend und hangelnd an einem Klettergerüst auf dem Spielplatz fortzubewegen usw. *(Abb. 3)*.

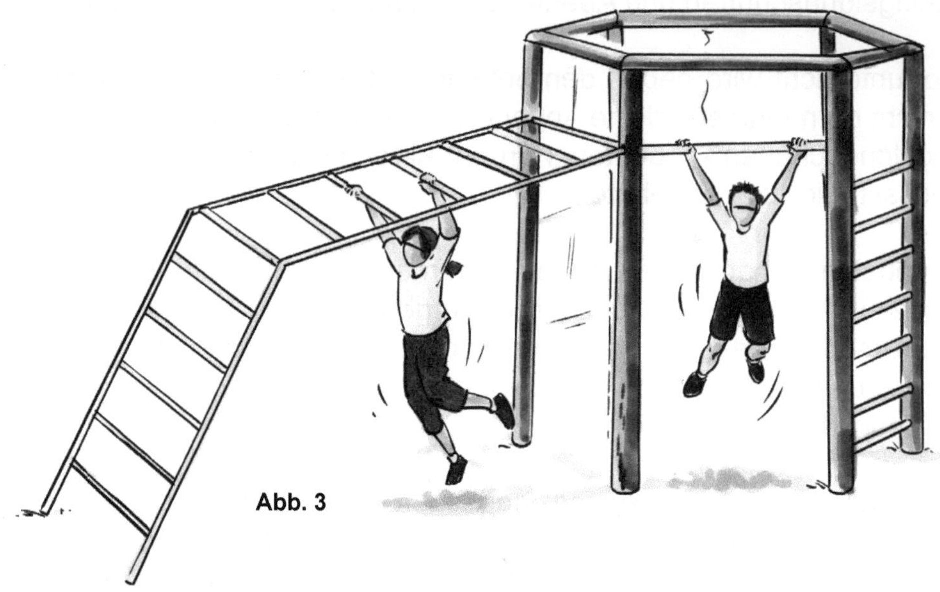
Abb. 3

Wenn Bewegungslandschaften zu „Gebirgsexpeditionen", „Im Dschungel unterwegs" oder zum „Turn-Zirkus" werden, spielen die Einbildungskraft und Fantasie der Schüler eine große Rolle.

Man darf auch nicht vergessen, dass das Turnen an Geräten „unaustauschbare Werte" gegenüber den „Fußgängersportarten" beinhaltet. Der Mensch – durch Bewegungsformen des Stützens, Hängens, Schwingens, Schwebens usw. „von den Beinen geholt" – erfährt sich in nicht vergleichbarer Weise in der dritten Dimension des Raumes und erweitert in vielfältiger Form Körper-, Bewegungs- und Umwelterfahrungen.[1]

Gerade bei einem risikoreichen und Wagnis herausfordernden Abenteuerturnen sind Sicherheitsmaßnahmen ganz wichtig; dieses Buch zeigt in der Praxis auf, was der Sportlehrer bei der Planung berücksichtigen und bei der praktischen Durchführung ständig kontrollieren muss.

Ausgehend von der Grundausstattung der in jeder Sporthalle vorhandenen Geräte werden hier die Möglichkeiten mit praktischen Beispielen veranschaulicht, wie Groß- und Kleingeräte alternativ genutzt werden können.

Ausgehend von den sog. Grundtätigkeiten werden in diesem Buch Bewegungslandschaften mit den Schwerpunkten Balancieren, Springen, Klettern, Stützen, Hängen, Schaukeln, Schwingen, Rollen, Wälzen aufgezeigt.

Damit der Sportlehrer aber auch die Möglichkeit hat, sich Geräte zu einer eigenen Bewegungslandschaft zusammenzustellen, werden hier die in jeder Sporthalle vorhandenen Geräte wie kleine Kästen, große Kästen, Barren, Recke, Turnbänke, Turnmatten, Weichböden etc. und ihre Möglichkeiten der alternativen Nutzung mit Skizzen veranschaulicht.

[1] Bruckmann/Dieckert/Herrmann: Gerätturnen für alle – Freies Turnen an Geräten, S. 7

Schulsport in Bewegung – Groß- und Kleingeräte alternativ nutzen

Somit erkennt auch der Sport fachfremd unterrichtende Lehrer die Möglichkeiten der alternativen Nutzung und kann sich selbst einfache Bewegungslandschaften zusammenstellen.

Beispiel: Balancieren über die Turnbänke. Die dritte Turnbank wird umgedreht auf die beiden aneinander stehenden Turnbänke gelegt.

Geräte: 3 Turnbänke

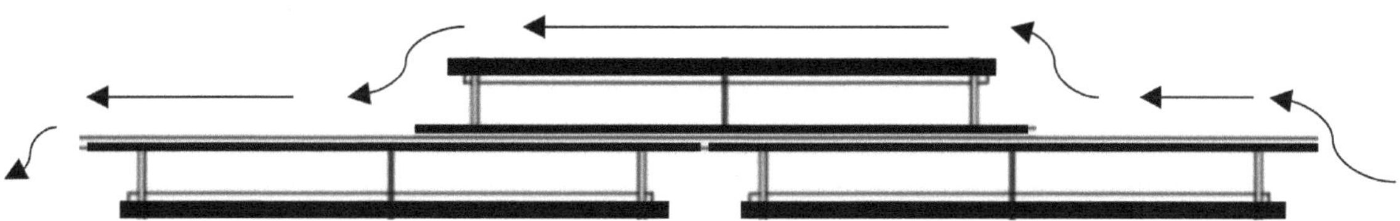

Beispiel: Vom kleinen Kasten über die Holmgasse klettern, danach über auf die eingehängte Turnbank balancieren und am Ende auf die Matte springen.

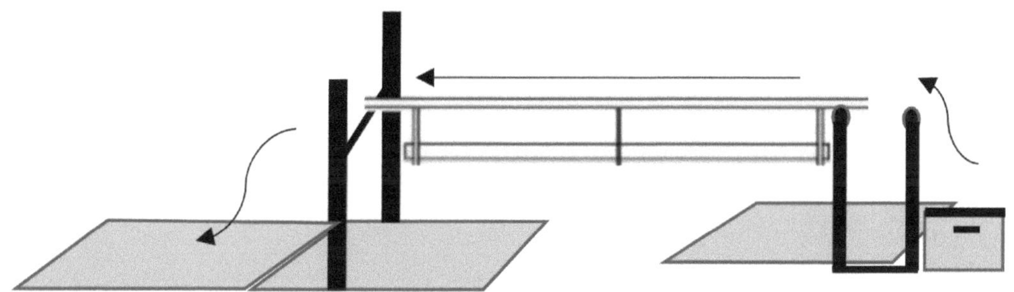

Geräte: 1 kleiner Kasten, 1 Stützbarren, 1 Turnbank, 1 Reck, 3 - 4 Turnmatten

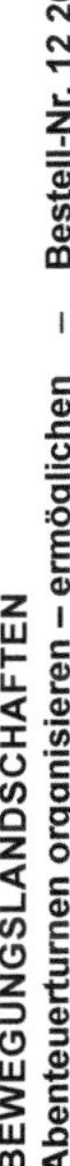

Literatur

- Bruckmann/Dieckert/Herrmann: Gerätturnen für alle, Pohl Verlag Celle 1991
- Herrmann, K.: Elementare Formen des Boden- und Gerätturnens, Pohl Verlag Celle, 1977
- Kolleger, M.: Körpererfahrung im Gerätturnen, Limpert Verlag Wiesbaden 1995
- Kosel, A.: Schulung der Bewegungskoordination, Verlag Karl Hofmann Schorndorf 1992
- Kretschmer, J.: Zum Einsatz von Bewegungslandschaften im Sportunterricht der Grundschule – in Bewegte Kindheit – Kongressbericht – Osnabrück 1996 – S. 227, Verlag Karl Hofmann Schorndorf 1997
- Lütgeharm, R.: Spiel & Spaß an und mit Turngeräten, Kohl Verlag Kerpen, 2. Auflage 2009
- Lütgeharm, R.: Stundenbilder Sport, Band 1, Kohl Verlag Kerpen, 8. Auflage 2009
- Lütgeharm, R.: Stundenbilder Sport, Band 2, Kohl Verlag Kerpen, 7. Auflage 2010
- Niedersächsisches Kultusministerium: Kinder fördern durch Bewegung – Band 9, Hannover 2015

2 Bewegungslandschaften – Abenteuerturnen – was ist charakteristisch?

Unter einer „Bewegungslandschaft“ versteht man Gerätearrangements, die aufgrund ihrer Zusammenstellung vielfältige Bewegungserfahrungen für Kinder und Jugendliche ermöglichen. Hierbei werden bekannte Turn- und Sportgeräte alternativ genutzt.

Bewegungslandschaften sind zumeist in der Sporthalle aufgebaute Gerätearrangements mit unterschiedlichen Bewegungs- und Spielschwerpunkten.[1]

Bei den Schülern werden Erinnerungen an bestimmte Landschaften oder Landschaftselemente geweckt, z. B. eine Sumpflandschaft zu durchqueren, eine Steilwand zu erklettern, über einen schmalen Steg balancieren, eine Schlucht zu überwinden usw. *(Abb. 4-6)*.

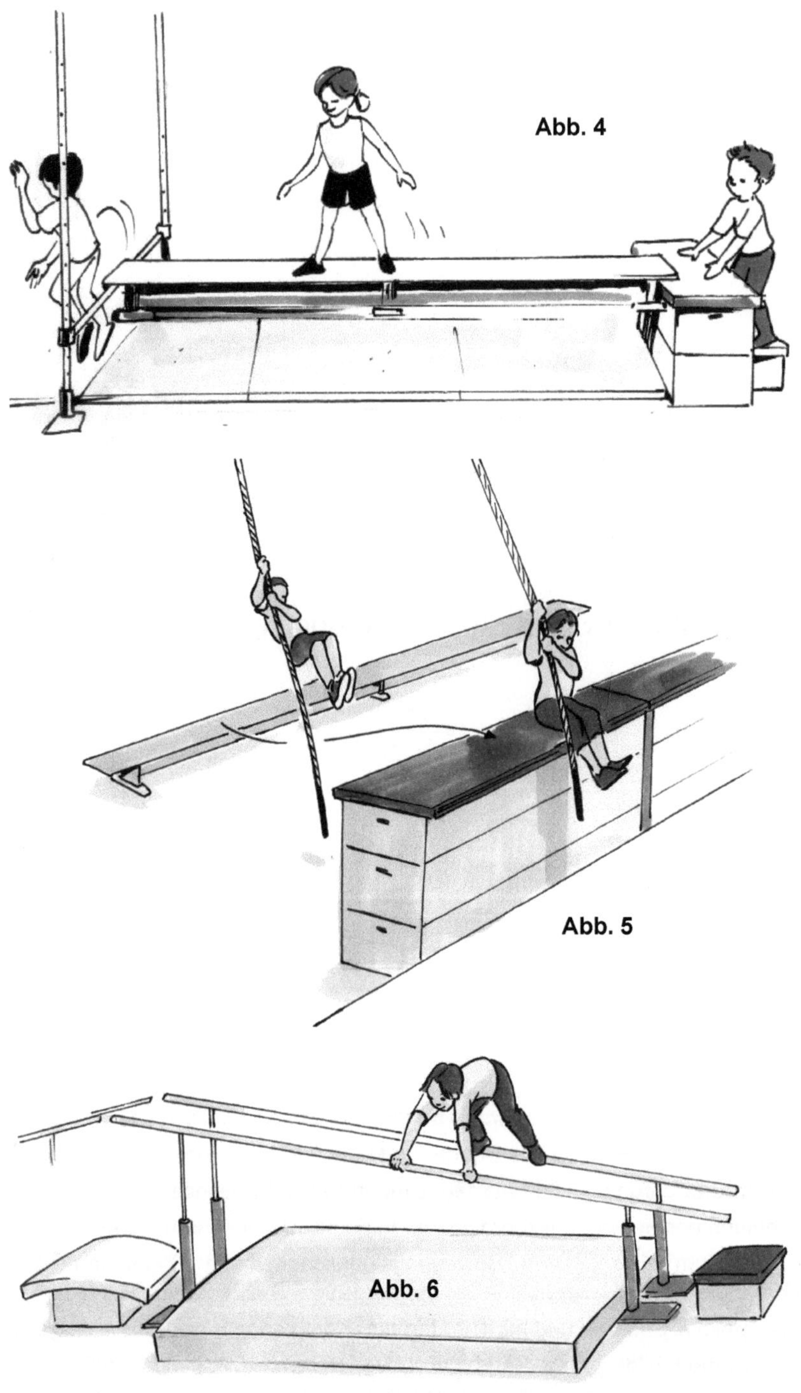

Abb. 4

Abb. 5

Abb. 6

[1] Kretschmer, J.: S. 227 – Bewegte Kindheit – Verlag Karl Hofmann 1997

2 Bewegungslandschaften – Abenteuerturnen – was ist charakteristisch?

Durch die alternative Nutzung der bekannten traditionellen Sportgeräte erfahren die Schüler Abenteuer, Risiko und Wagnis – die Sporthalle wird zu einer „künstlichen Abenteuerwelt“. Bewegungslandschaften werden immer wichtiger – was früher der Wald/die Wiese/das Gelände war ist heute die Sport-/Turnhalle.

Die Groß- und Kleingeräte werden so kombiniert und arrangiert, dass sie einem „Abenteuerspielplatz“ gleichen.

Die Schüler und Jugendlichen machen dadurch neue Bewegungserfahrungen.

Spaß an der Bewegung und Abenteuer

Im Mittelpunkt der Bewegungslandschaften steht immer der Spaß an der Bewegung und das Abenteuer verbunden mit Wagnis und Risiko.

- Beim Balancieren, Steigen, Klettern, Springen, Rutschen, Wälzen, Rollen, Stützen, Hängen, Schwingen, Schaukeln usw. lernen die Schüler ihre Fähigkeiten einzuschätzen und im Umgang mit den Geräten eigenständige Entscheidungen zu treffen, um dabei Wagnis und Abenteuer zu erleben.

Was ist typisch für eine Bewegungslandschaft?

Bewegungslandschaften ...

- „schreiben“ nicht vor, sie bieten Bewegungsmöglichkeiten an;
- haben einen hohen Aufforderungscharakter, machen Spaß und ermöglichen Wagnis, Risiko und Abenteuer;
- bieten ein Angebot von Gerätearrangements, die zum Steigen, Klettern, Rutschen, Hangeln, Schaukeln, Stützen, Schwingen, Rollen, Wälzen, Balancieren, etc. auffordern;
- beinhalten hohe Berge, schmale Stege, tiefe Schluchten, verborgene Höhlen, steile Abhänge, Gletscher-Rutschen etc.
- ermöglichen meistens auch unterschiedliche Bewegungsaufgaben, sodass leistungsschwächere und -stärkere Schüler gleichermaßen gefordert werden.

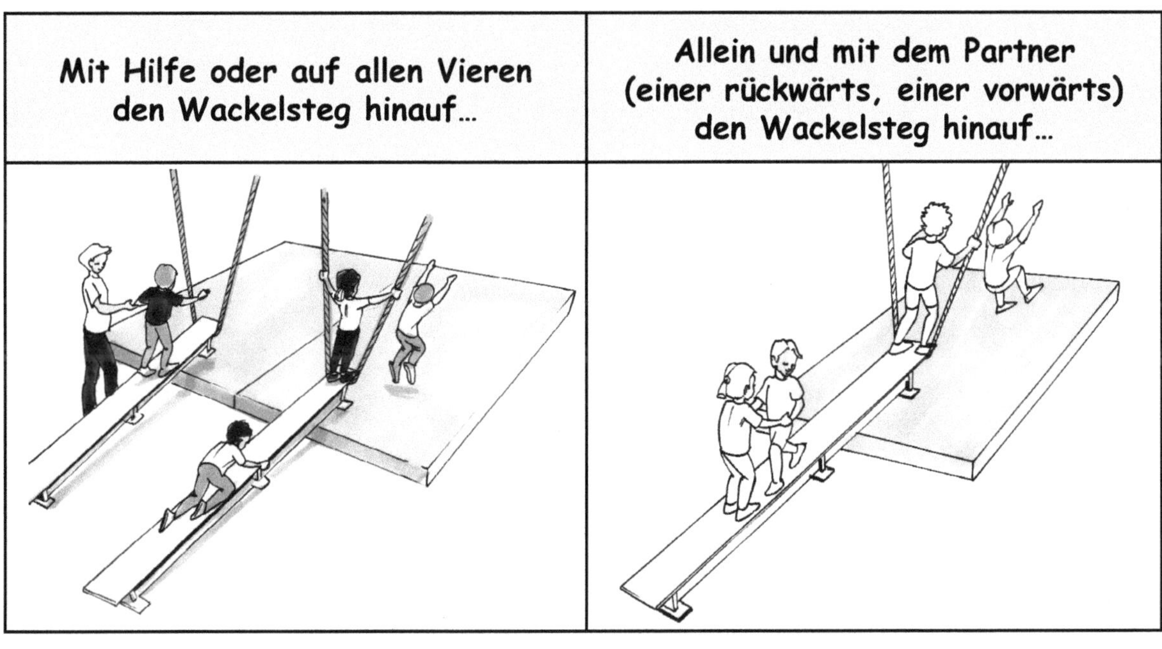

KOHL VERLAG BEWEGUNGSLANDSCHAFTEN Abenteuerturnen organisieren – ermöglichen – Bestell-Nr. 12 266

2 Bewegungslandschaften – Abenteuerturnen – was ist charakteristisch?

Ziele von Bewegungslandschaften

- offene Lern- und Bewegungssituationen anbieten/ermöglichen;
- individuelle Herausforderungen/Abenteuer schaffen und Risikobewusstsein fördern;
- Kreativität und Ideen der Schüler nutzen;
- einen anderen Zugang zum Turnen/zu den Turngeräten vermitteln (Wagnis/Risiko);
- gleichzeitiges und intensives Üben von mehreren Schülern gleichzeitig ermöglichen;
- komplexe Verbesserung der Motorik der Schüler durch kreatives Turnen und Spielen, sowie ihr Selbstvertrauen und Selbstwertgefühl stärken;
- langsam und stetig den kompetenten Umgang mit den Geräten und deren Aufbau vermitteln.

- **Lehrer:** initiiert Lerngelegenheiten, organisiert und optimiert die Rahmenbedingungen, liefert Bewegungsanregungen und sorgt für Sicherheit!
- **Schüler:** erhalten die Möglichkeit, eigene Bewegungslandschaften zu planen und umzusetzen.

KOHL VERLAG BEWEGUNGSLANDSCHAFTEN Abenteuerturnen organisieren – ermöglichen – Bestell-Nr. 12 266

3 Grundtätigkeiten sind Bewegungsschwerpunkte

Kinder wollen sich bewegen – wollen laufen, hüpfen, springen, balancieren, steigen, klettern, hängen, schwingen, schaukeln, sich abstützen, wälzen, rollen, werfen, fangen, schieben, heben und tragen usw. Mit diesen Grundtätigkeiten erobert das Kind seine Umwelt, macht vielfältige und der jeweiligen Situation angepasste Bewegungserfahrungen. Diese Erfahrungen werden begleitet von taktil-kinästhetischen, vestibulären, optischen und akustischen Empfindungen, die sich mit der Zeit zu einem großen „Bewegungsschatz" entwickeln, aus dem man später abrufen und vergleichen kann.

Bewegungslandschaften in ihrer ganzen Vielfalt ermöglichen es, Kindern und auch Jugendlichen die Grundtätigkeiten Balancieren, Wälzen – Rollen, Hängen – Schaukeln – Schwingen, Stützen, Steigen – Klettern, Springen anzuwenden und zu „üben".

Grundtätigkeiten beinhalten ein hohes Erlebnispotential – Bewegen und Erleben. Der körper- und bewegungsbildende Wert der Grundtätigkeiten ist unbestritten.[1]

Alle Tätigkeiten, Übungen und Geräte, die mit Steigen, Klettern, Balancieren, Schaukeln und ähnlichem zu tun haben, sind nicht dem Geräteturnen zuzurechnen. Hier handelt es sich um einen allgemeinen und unspezifischen Bereich, der sich keiner Sportart richtig zuordnen lässt.[2]

Bewegungslandschaften thematisieren wichtige Bewegungs- und Spielschwerpunkte.

Die Bewegungsschwerpunkte sind in erster Linie Grundtätigkeiten, die von den Schülern mit quantitativen Unterschieden angewendet bzw. beherrscht werden.

Durch das Anwenden der Grundtätigkeiten kann der Schüler auf ihm bekannte Bewegungsgrundmuster zurückgreifen (gibt Sicherheit), die dann lediglich in neuen und anders verlaufenden Situationen weiter entwickelt bzw. vervollkommnet werden.

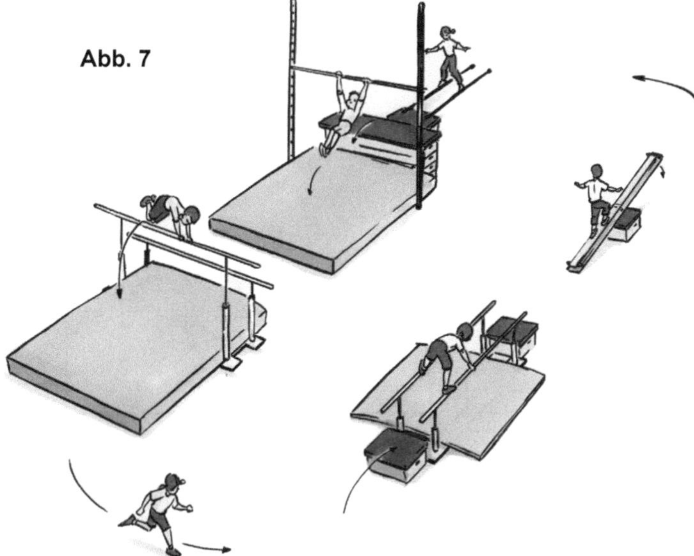
Abb. 7

In einer Bewegungslandschaft werden immer mehrere Grundtätigkeiten angesprochen. Über die Reckstangen zum Kasten balancieren, die Reckstange fassen und auf den Weichboden schwingen, auf den unteren Holm klettern und den oberen Holm überspringen, Landung auf dem Weichboden, auf den kleinen Kasten steigen und über die Holme klettern und zum Schluss über die Wippe balancieren. *(Abb. 7)*.

[1] Söll, W.: Sportunterricht – Sport unterrichten, S. 337, Verlag Karl Hofmann Schorndorf 1996

[2] Söll, W.: Sportunterricht – Sport unterrichten, S. 337, Verlag Karl Hofmann Schorndorf 1996

3 Bewegungslandschaften – Abenteuerturnen – was ist charakteristisch?

Die folgende Übersicht veranschaulicht „auf einen Blick“ die in diesem Buch angesprochenen Grundtätigkeiten und die damit verbunden Bewegungsschwerpunkte.

Bei der Namensgebung für die Bewegungskombinationen sind der Fantasie keine Grenzen gesetzt. Die Schüler werden schnell selbst „interessante Bezeichnungen“ finden.

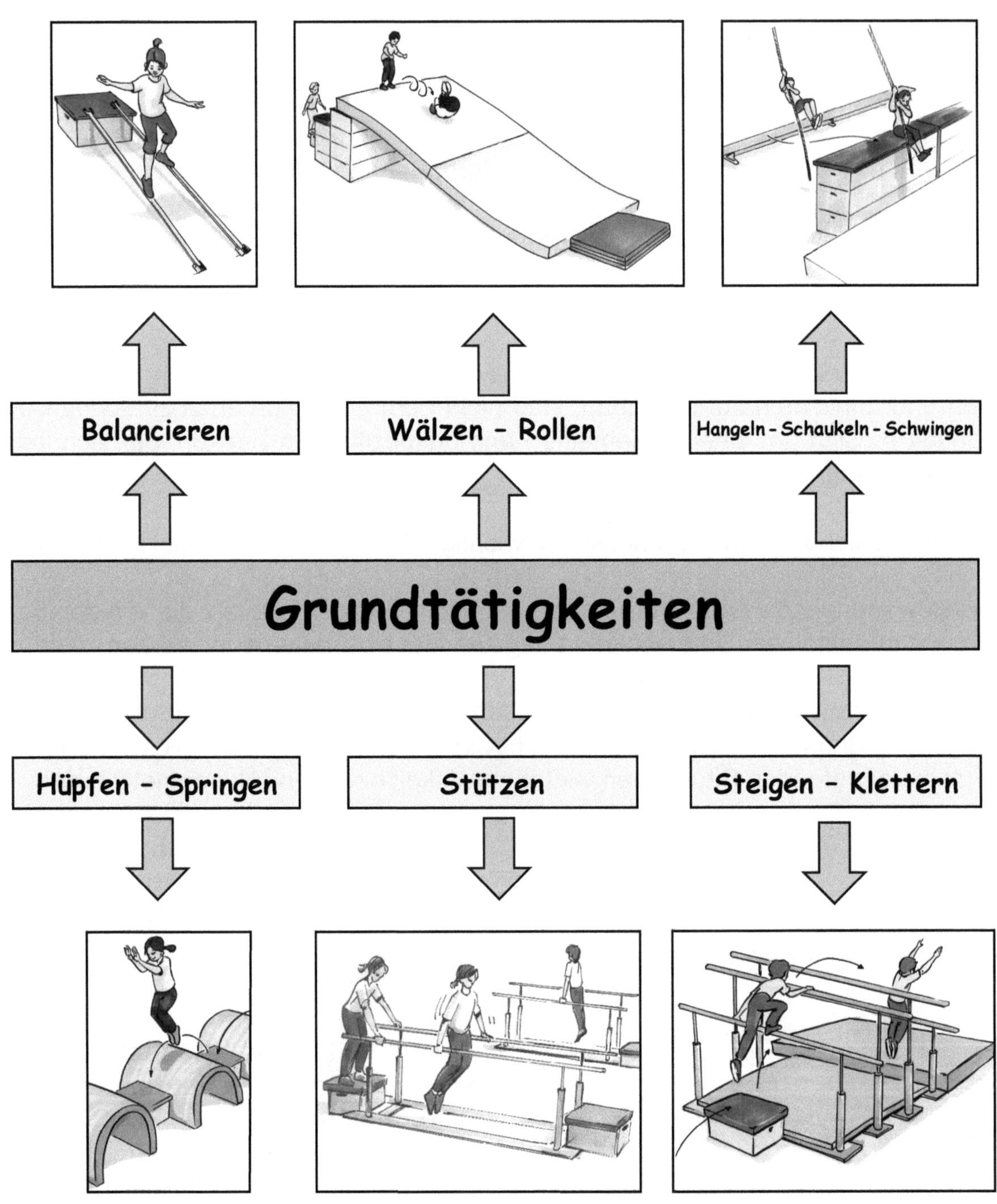

4 Vorbereitung und Organisation von Bewegungslandschaften

Eine Bewegungslandschaft mit Wagnis und Abenteuer ist und kann nicht frei von Risiko sein. Aus diesem Grund sind Voraussetzungen der Schüler und die Rahmenbedingungen vor Ort (der jeweiligen Sporthalle) von großer Bedeutung.

Welche Geräte kann man für eine Bewegungslandschaft einsetzen?

Bei einer Bewegungslandschaft kommen häufig einige Großgeräte zum Einsatz und werden alternativ genutzt. Großgeräte sind alle Geräte, die in einer Sporthalle installiert sind oder zur Grundausstattung jeder Sporthalle gehören, z. B. Recke, Barren, Stufenbarren, große und kleine Kästen, Böcke, Sprungbretter, Turnbänke, Weichbodenmatten, Turnmatten, Taue, Ringe, Gitterleiter, Sprossenwände, etc.

Ergänzend kommen Handgeräte wie Sprungseile, Pylone, Gymnastikstäbe aus Holz, Medizinbälle, Rollbretter etc. zum Einsatz.

Dauer aus und hilft bei der Planung von Bewegungslandschaften.

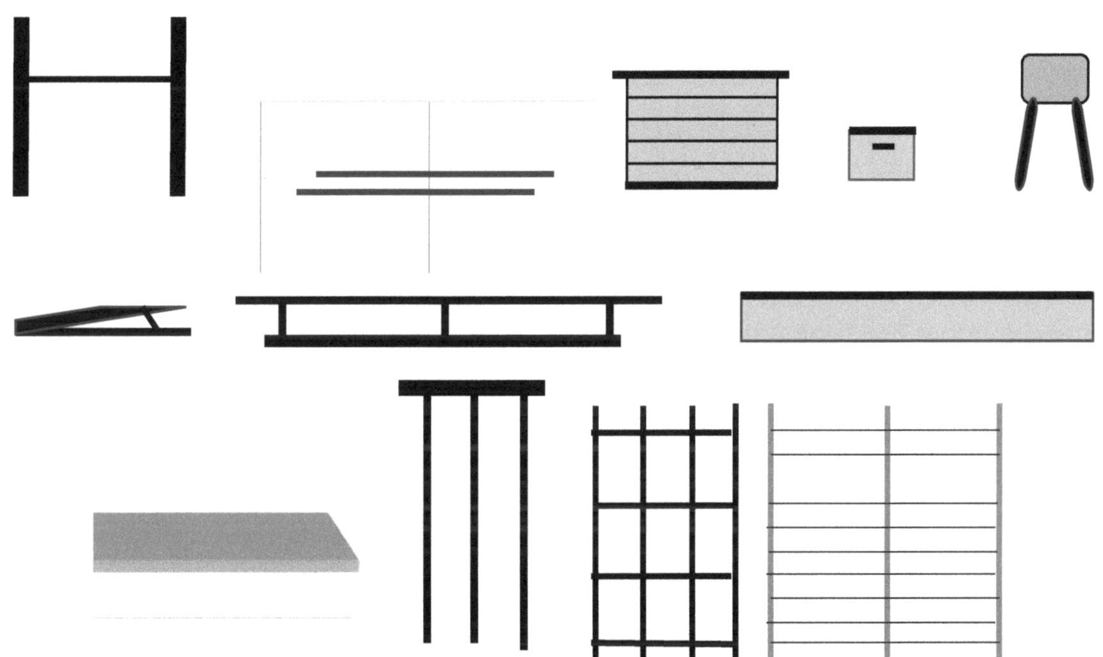

Manchmal ist es sinnvoll, eine Aufstellung der vorhandenen Geräte zu machen. Der Aufwand, alle funktionsfähigen Groß- und Kleingeräte aufzuschreiben, zahlt sich auf Dauer aus und hilft bei der Planung von Bewegungslandschaften.

Grundsätzlich können natürlich nahezu alle Groß- und Kleingeräte verwendet werden, um eine Bewegungslandschaft abwechslungsreich zu gestalten.

Grundsätzlich können natürlich nahezu alle Groß- und Kleingeräte verwendet werden, um eine Bewegungslandschaft abwechslungsreich zu gestalten.

Bei der Planung muss die jeweilige Sporthalle, deren Ausstattung und die Anordnung der Geräte unbedingt beachtet werden, z. B. wo sind die Recke installiert, die Taue und Sprossenwände angebracht.

Nicht vergessen!

Großgeräte wie das Reck, der Barren, die Sprossenwand usw. sind meistens nur in einer begrenzten Anzahl vorhanden.

Wenn das Reck oder der Barren schon Bestandteil einer Station sind, können sie bei den anderen Gerätekombinationen nicht mehr verplant werden.

Womit sollte man beginnen?

- Man sollte zunächst immer mit Geräten beginnen, die man schon einmal eingesetzt und erprobt hat (damit kenne ich mich aus) – mit denen die Schüler schon Erfahrungen gemacht haben und diese dann zu ersten Bewegungslandschaften zusammenstellen.
- Mit einem bekannten Gerät beginnen und dieses Gerät „anders (alternativ) verwenden" und an diesem Gerät die Aufgaben verändern *(Abb. 8)*.

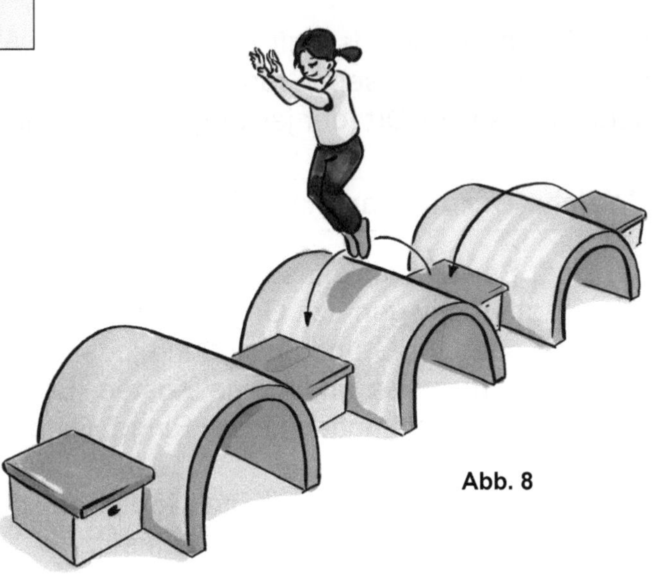

Abb. 8

Aufbau und Übungszeit

Bei aller Begeisterung für das Erstellen und Organisieren von Bewegungslandschaften sollte man aber nicht vergessen, dass das Aufbauen von Bewegungslandschaften häufig sehr zeitaufwendig und kaum veränderbar ist. Der Sportlehrer muss sich entscheiden, ob er die Gerätekombinationen mit den Schülern auf- und abbaut und damit die echte Nutzungszeit verkürzt.

Wenn er die Geräte bereits vorher aufgebaut hat und sie zur weiteren Nutzung stehen lassen kann, verlängert sich die echte Übungszeit für die Schüler, wobei die Schüler dabei vom Auf- und Abbau ausgeschlossen werden. Wobei immer die Frage bleibt, mit welchen Personen die Bewegungslandschaft vorher aufgebaut werden soll.

Eine Bewegungslandschaft vor dem Sportunterricht aufzubauen und den ganzen Schulvormittag stehen zu lassen, damit mehrere Klassen Wagnis und Abenteuer erleben können, ist sicher anzustreben, aber leider wegen unterschiedlicher Ziele und Interessen der einzelnen Klassen nicht in jeder Schule durchführbar. Es muss also auch möglich sein, in einer Doppelstunde (90 min.) eine Bewegungslandschaft unter Einbeziehung der Schüler auf- und wieder abzubauen, wobei natürlich auch das Alter der Schüler eine Rolle spielt. Grundsätzlich sollten die Schüler den sachgerechten Umgang mit den in der Sporthalle vorhandenen Geräten üben.

Tipp: Aufwand beachten und Schülereinsatz ermöglichen: Schnell aufzubauende Geräte einsetzen, z. B. kleine Kästen, Matten, Weichböden – auch in Kombination miteinander.

4 Vorbereitung und Organisation von Bewegungslandschaften

Der Sportlehrer muss auch immer wegen der nur begrenzt zur Verfügung stehenden Zeit überlegen, ob nur ein Gerät in mehrfacher Ausfertigung für die Schüler alternativ genutzt und aufgebaut wird oder ob man mehrere unterschiedliche Geräte alternativ kombiniert *(Abb. 9-10)*.

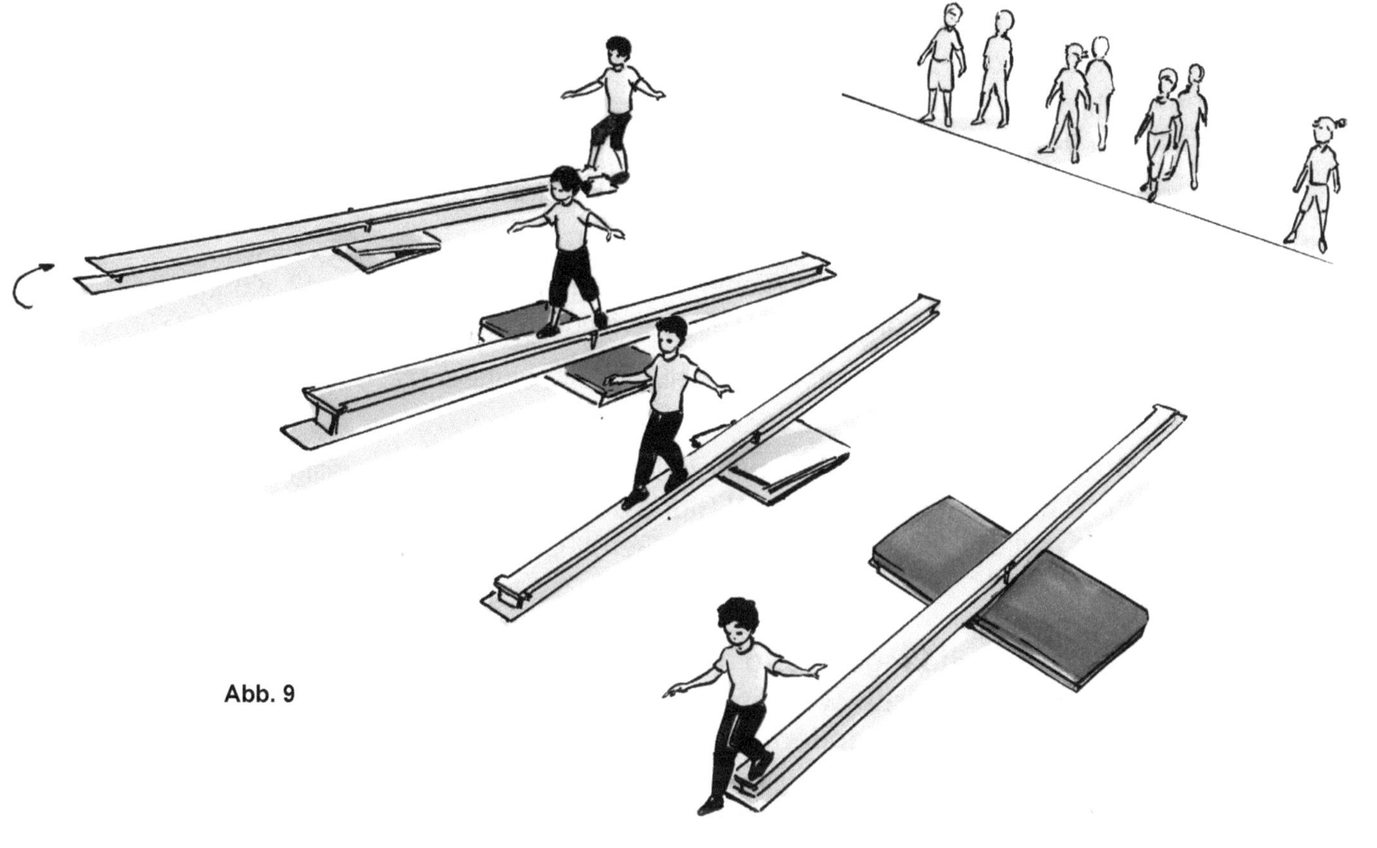

Abb. 9

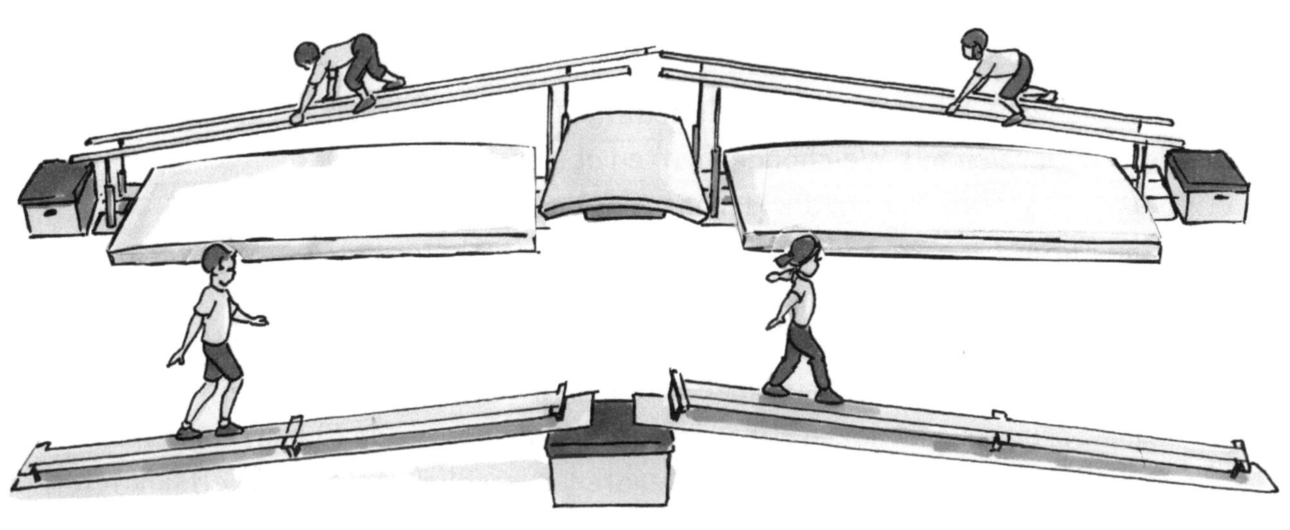

Abb. 10

Folgende Punkte sind bei der Organisation und dem Aufbau unbedingt zu beachten:

- Bewegungslandschaften sollten so angelegt werden, dass lange Wartezeiten vermieden werden und sich möglichst viele Schüler gleichzeitig bewegen können.
- Ganz wichtig: „Weniger ist mehr" – Abwechslung schaffen ist gut, das erreicht man aber nicht durch den verschwenderischen Einsatz von Materialien, sondern durch Kreativität, wie man diese nutzt, wie man sie benennt und welche Eigenschaften man ihnen beimisst!
- Entscheidend aber ist immer die Kreativität bei Planung und Aufbau sowie beim Benennen der einzelnen Teile.
- Sind alle Gerätekombinationen sicher angelegt bzw. abgesichert? Können die Schüler die Bewegungslandschaft allein bewältigen oder benötigen sie Hilfe?
- Können die Schüler beim Aufbau mithelfen bzw. eingesetzt, evtl. schon bei der Planung einbezogen werden?
- Grundsätzlich immer den zeitlichen/materiellen Aufwand, die jeweilige Geräteausstattung und die Sicherheit beachten! Stand der Geräte, Absicherung, Landeplätze der Schüler, evtl. Hilfen durch Person und Gerät, Gefahren erkennen und Maßnahmen treffen.

Obwohl die Turngeräte regelmäßig auf ihre Funktionstüchtigkeit und ihre Belastungsfähigkeit überprüft werden, muss beachtet werden, dass durch das Kombinieren von Geräten andere Kräfte als üblich auftreten. Der Sportlehrer muss diesen Punkt bei der Wahl der Kombination von Geräten neu einschätzen. Die Aufhängungen von Klettertauen und Ringen sind jeweils für eine Person ausgelegt. Ebenso dürfen Barrenholme, Reckstangen und Sprossenwände nicht über ein bestimmtes Maß hinaus belastet werden.

Checkliste Sicherheit

- Den Sicherheitsbereich (um das Gerät herum) mit Turnmatten auslegen;
- den Fallbereich mit Weichbodenmatten absichern;
- beim Einsatz von Barren die Holme arretieren;
- beim Einsatz von Recken die Befestigung der Reckstangen kontrollieren;
- Bänke durch Matten oder Kästen vor dem Wegrutschen sichern;
- Verbindungen zwischen den einzelnen Geräten sichern und überprüfen;
- Taue (Seile) jeweils nur mit einer Person belasten;
- keine Springseile, sondern nur belastbare Seile aus Nylon (8 mm) verwenden;
- beim Festbinden/Befestigen von Geräten ausschließlich Sicherheitsknoten wie Palstek und Rundtörn (siehe nächste Seite) mit zwei halben Schlägen verwenden;
- der Sportlehrer sieht sich den gesamten Aufbau noch einmal an und kontrolliert/überprüft die Gerätekombinationen - erst danach wird die Bewegungslandschaft „freigegeben".

KOHL VERLAG BEWEGUNGSLANDSCHAFTEN Abenteuerturnen organisieren – ermöglichen – Bestell-Nr. 12 266

Palstek[1] zum Festmachen am Pfahl oder Pfosten.

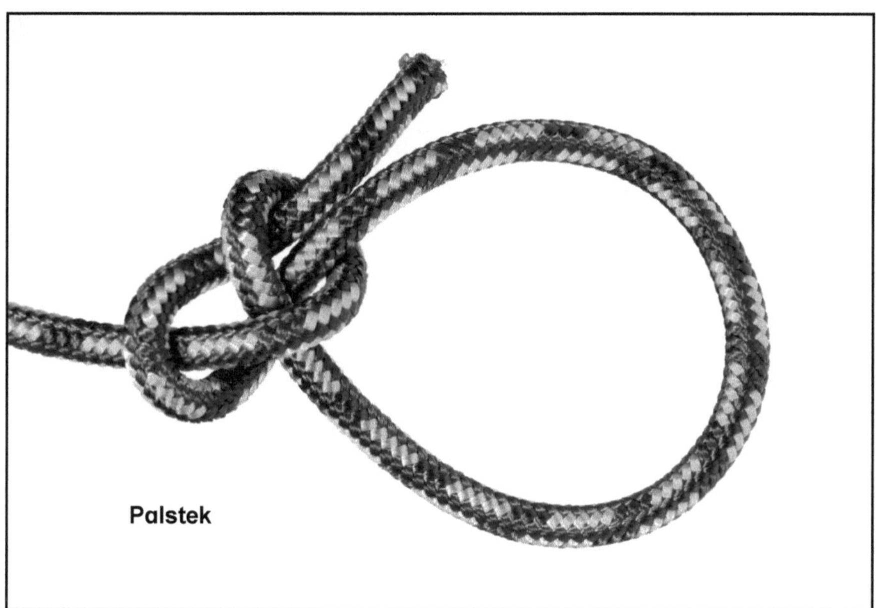
Palstek

Rundtörn[2] mit zwei halben Schlägen zum Festmachen an einer Stange oder einem Holm.

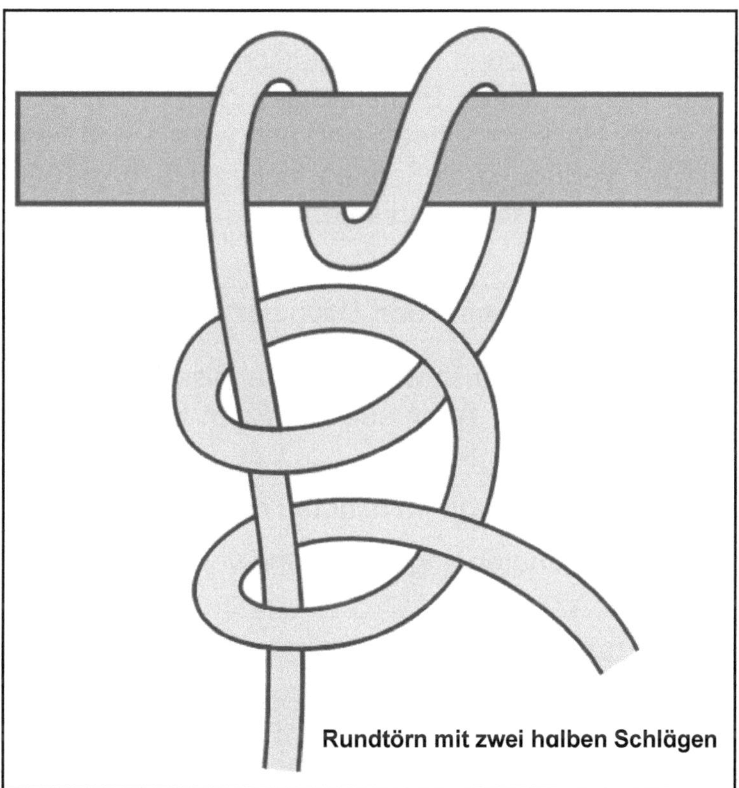
Rundtörn mit zwei halben Schlägen

[1] Der Name Palstek ist plattdeutsch für Pfahlstich [aus niederd. Pa(h)l, niederld. pāl = Pfahl]. Gemeint ist damit eine Festmacherleine, welche ein Schiff zu einem Pfahl oder Dalben hin befestigt. Bei der deutschen Feuerwehr ist er unter dem Namen Feuerwehrrettungsknoten, Brustbund und Pfahlstich bekannt

[2] Der Rundtörn mit zwei halben Schlägen wird neben dem Palstek besonders häufig gebraucht. Er dient zum Festbinden an Stangen, Ringen, Pollern oder anderen Dingen.

5 Bewegungslandschaften praktisch

Wer den Schulalltag kennt, weiß, dass es natürlich wunderbar ist, wenn für besondere Projekte und Aktionen aufwendige „Bewegungslandschaften“ vorher aufgebaut werden (von wem?) und den ganzen Schulvormittag, evtl. auch noch am Nachmittag von verschiedenen Klassen und Gruppen genutzt werden können.

Solche Aktionen beschreiben aber immer Ausnahmesituationen und sind eben nicht die Regel.

Folgende Punkte müssen vorab überlegt werden und in die Planung einfließen.

Wieviel Zeit steht insgesamt zur Verfügung?

Wenn man Bewegungslandschaften organisieren und Abenteuerturnen ermöglichen will, müssen Überlegungen angestellt werden, wie viel Zeit insgesamt zur Verfügung steht.

Es stellt sich also die Frage, wie müssen Bewegungslandschaften geplant und organisiert werden, die in einer ganz normalen Sportstunde von 45 Minuten oder in einer Doppelstunde von 90 Minuten umgesetzt werden sollen. Der Aufbau und die Kombination von Geräten ist abhängig von der zur Verfügung stehenden Zeit und muss sorgfältig und konkret geplant werden.

Feste Einrichtungen in der Sporthalle

Bei der Planung und späteren Umsetzung ist es natürlich ganz besonders wichtig, dass der Sportlehrer weiß, welche festen Einrichtungen (Recke, Sprossenwände, Gitterleiter, Taue, Ringe) in der Halle vorhanden sind und wo sie sich befinden. Außerdem sollte er über die zur Verfügung stehenden funktionstüchtigen Großgeräte und deren Anordnung im Geräteraum informiert sein.

Bewegungslandschaften in Einzel- und/oder Doppelstunden

Es stellt sich grundsätzlich die Frage, ob Bewegungserlebnisse, außergewöhnliche Körpererfahrungen, Wagnis/Risiko und Abenteuer in Form von Bewegungslandschaften auch

- in einer ganz normalen Sportstunde von 45 Minuten oder
- in einer Doppelstunde von 90 Minuten angeboten und vermittelt werden können.

„Üben im Strom“

Unter Beachtung der Bewegungsrichtung können die Stationen so aufgebaut werden, dass auch ein „Üben im Strom“ möglich wird, d. h. der Schüler kann von einer Gerätekombination zur nächsten weitergehen und muss sich „zeitnah“ mit immer anderen Bewegungserlebnissen und situativen Bedingungen in Folge auseinandersetzen. Beim Üben im Strom können grundsätzlich nur Bewegungsaufgaben ausgewählt werden, die in eine Richtung gehen, wie im folgenden Beispiel deutlich wird.

KOHL VERLAG BEWEGUNGSLANDSCHAFTEN Abenteuerturnen organisieren – ermöglichen – Bestell-Nr. 12 266

5 Bewegungslandschaften praktisch

5.1 „Üben im Strom“: Schwerpunkte Schwingen-Klettern-Balancieren

Bewegungslandschaft – Skizze (Draufsicht – längs angeordnet)

2 Turnbänke
Taue
1 Weichboden
Turnmatten

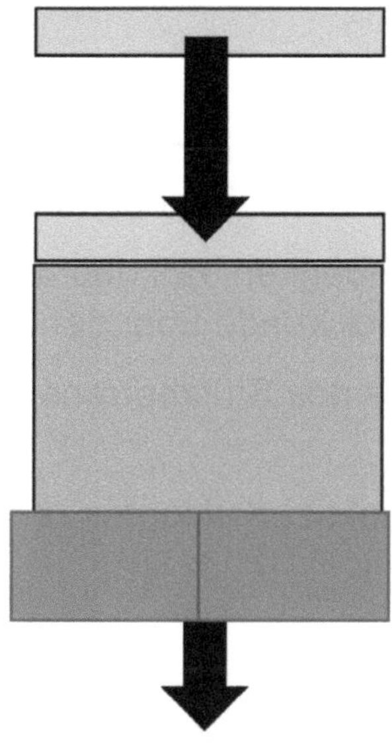

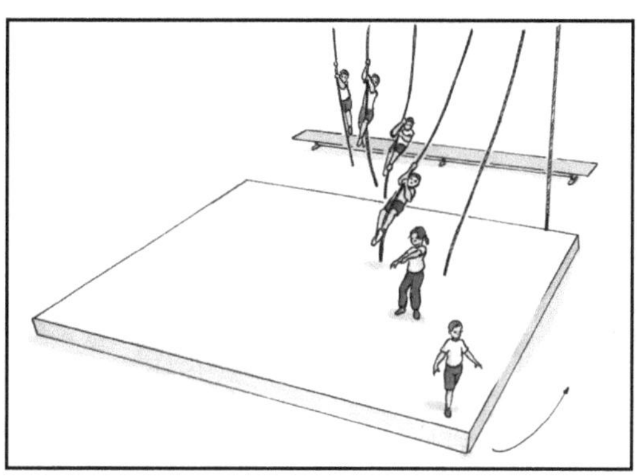

2 Kleine Kästen
2 Stufenbarren
1-2 Weichböden
Turnmatten

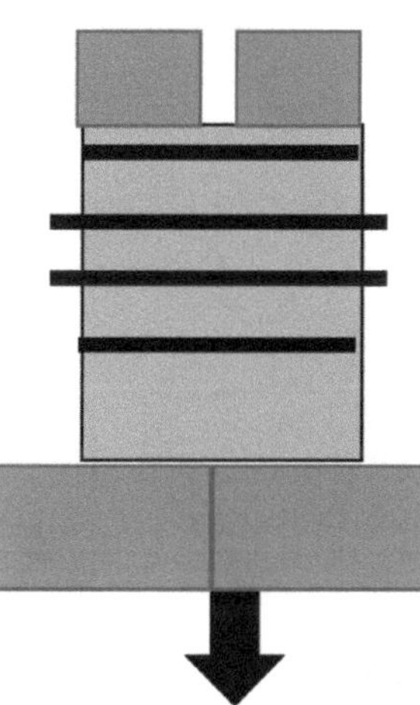

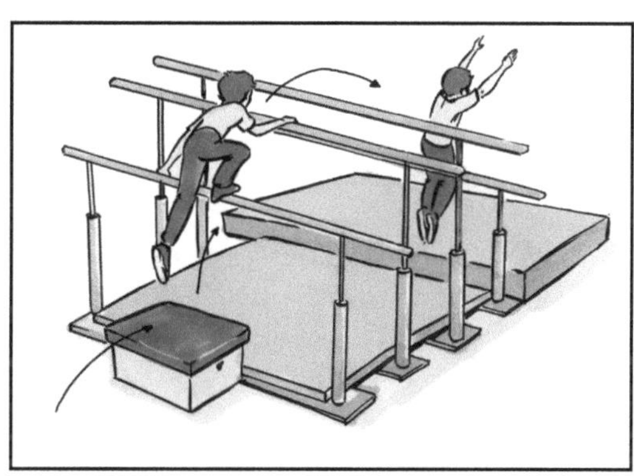

2 Kleine Kästen
4 Reckstangen
Turnmatten

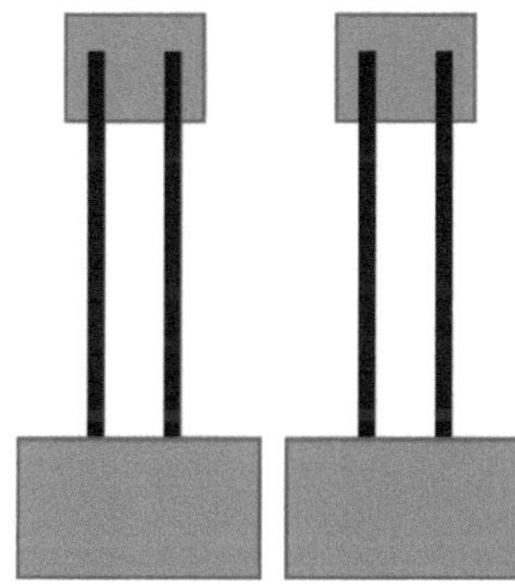

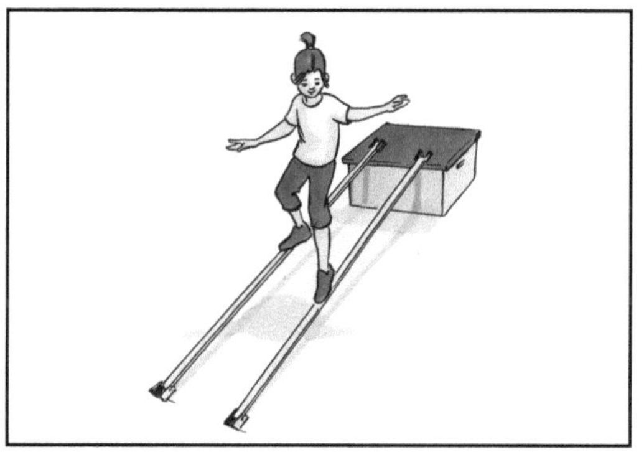

5.2 Üben im Strom: Schwerpunkte Balancieren-Schwingen-Steigen-Klettern-Stützen

Ablauf:

- Auf die Turnbank steigen, ein Tau über Kopf greifen, kräftig abspringen und über die zweite Turnbank schwingen und auf dem Weichboden abspringen.
- Auf den eingehängten (schrägen) Turnbänken auf den unteren Holm des Stufenbarrens nach oben balancieren und Hockwende über den oberen Holm ausführen.
- Danach auf allen vieren über die Holme des Stützbarrens balancieren und auf den kleinen Kasten absteigen.
- Anschließend außen zum Ausgangspunkt zurücklaufen und erneut üben.

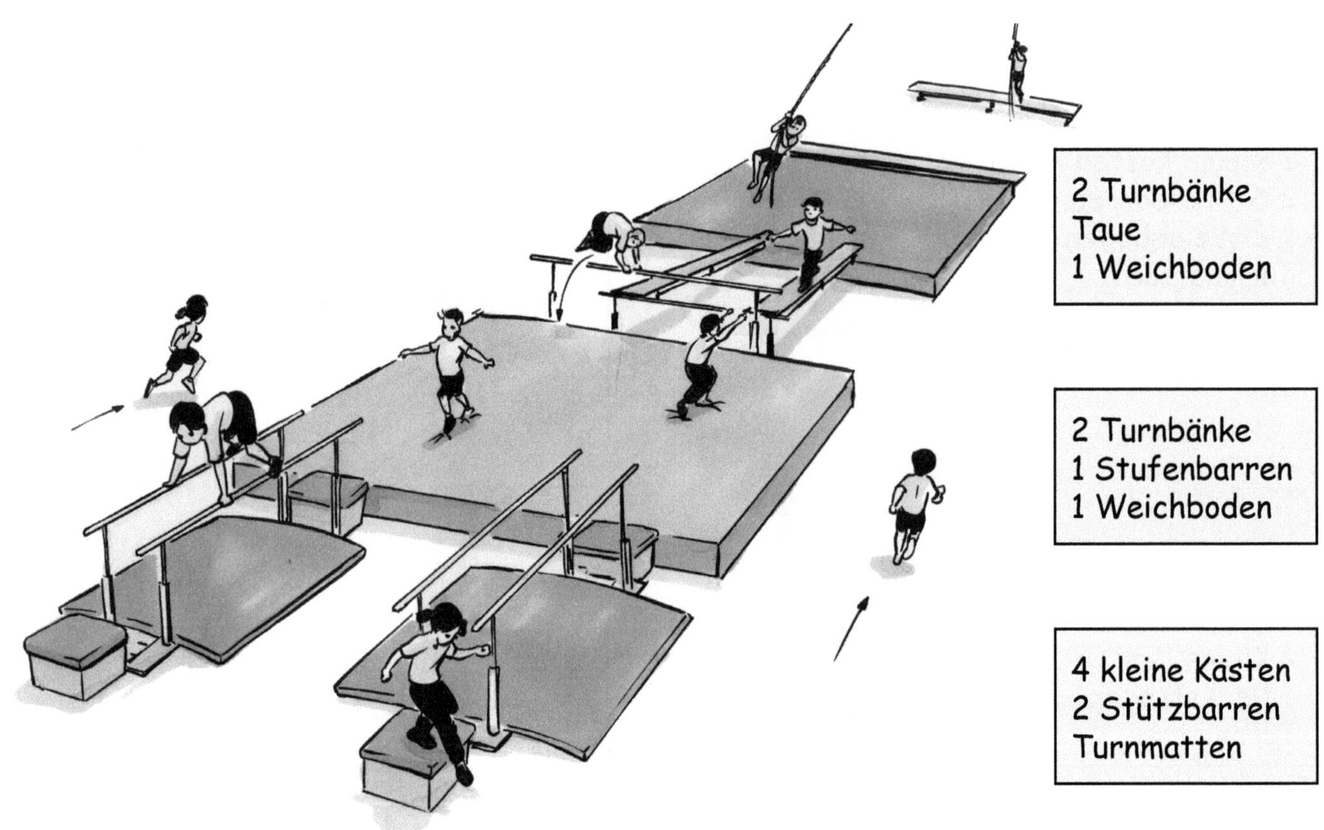

KOHL VERLAG BEWEGUNGSLANDSCHAFTEN Abenteuerturnen organisieren – ermöglichen – Bestell-Nr. 12 266

Üben und „erleben" an Stationen

In Form eines Stationsbetriebes lassen sich Bewegungslandschaften im Sportunterricht gut umsetzen. Die ausgewählten Gerätekombinationen können unter Berücksichtigung der fest installierten Geräte im Rechteck, Quadrat, Dreieck und im Kreis aufgebaut werden. In der Regel umfasst die Bewegungslandschaft 4-6 Stationen.

An jeder Station wird unter Beachtung der zur Verfügung stehenden Zeit 5-10/15 min gespielt und geübt. Beim Stationsbetrieb hat der einzelne Schüler mehr Zeit zum Lösen der jeweiligen Bewegungsaufgabe und erlebt evtl. intensiver das jeweilige Abenteuer/Wagnis/Risiko.

Dieses Buch veranschaulicht mit praktischen Beispielen, wie die Bewegungslandschaften in einer ganz normalen Sportstunde von 45 Minuten oder in einer Doppelstunde von 90 aussehen könnten.

5.3 Stationsbetrieb: 4 Stationen – Schwerpunkt Balancieren

Eine ganz normale Sportstunde - 45 Minuten

- Es kommen grundsätzlich weniger Geräte zum Einsatz;
- es werden Geräte ausgewählt und kombiniert, die von den Schülern zum größten Teil auf Anweisung des Sportlehrers selbst transportiert, auf- und abgebaut werden können.

Zur Verfügung stehende Zeit: ca. 40 - 42 Minuten

- **Je Station:** **5 - 6 Schüler**
- **Auf- und Abbau:** **6 - 8 Minuten**
- **Übungszeit pro Station:** **5 - 8 Minuten mit Wechselzeit**

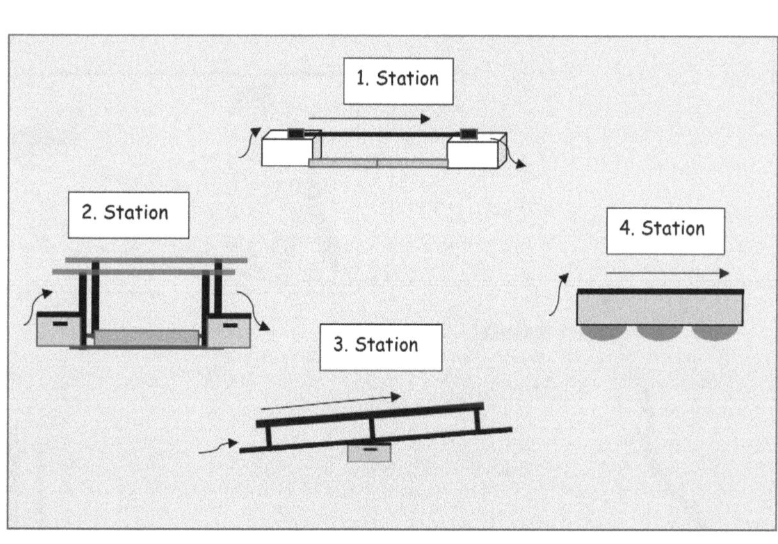

1. Station: über eine auf zwei kleinen Kästen liegende Reckstange balancieren
2 kleine Kästen,
1 Reckstange

2. Station: kleinschrittig auf allen vieren über die beiden Holme balancieren
1 Stützbarren (ca. 1,20 - 1,30 m hoch),
2 kleine Kästen, Matten

3. Station: vorsichtig über die Wippe balancieren
1 Turnbank umgedreht (Balken oben), 1 Kastenoberteil, evtl. doppelt aufbauen

4. Station: über das „labile" Kastenoberteil balancieren
3 Medizinbälle, 1 Kastenoberteil, evtl. doppelt aufbauen

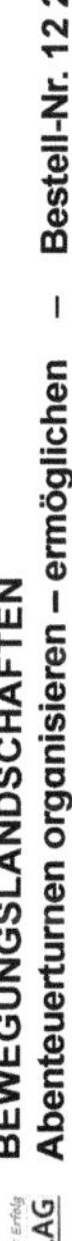

5.4 Stationsbetrieb: 6 Stationen
Schwerpunkte Schaukeln – Balancieren – Wälzen

Doppelstunde - 90 Minuten

Bei einer Doppelstunde ist es schon eher möglich, mehr Geräte einzusetzen und aufwendigere Gerätekombinationen zu planen und umzusetzen.
Auch hier gilt, möglichst die Schüler am Auf- und Abbau zu beteiligen.

Zur Verfügung stehende Zeit: ca. 80 - 82 Minuten

- **Je Station:** **5 - 6 Schüler**
- **Auf- und Abbau:** **10 - 15 Minuten**
- **Übungszeit pro Station:** **8 - 10 Minuten mit Wechselzeit**

---

1. **Station: Balancieren über das mittige Kastenunterteil und Rolle vorwärts auf der Schrägen**
   1 Kastenunterteil mittig, 2 Kastendeckel, 2 Turnmatten
2. **Station: An jeder Seite sitzt ein Schüler auf der Bank – hin und her schaukeln.**
   1 Reck ca. 30-50 cm hoch, Reckstange ist unter der Sitzfläche der Bank, Bank wird mit Seilen zusätzlich fixiert, Turnmatten als Unterlage
3. **Station: Den in Strecklage befindlichen Schüler hin und her wälzen**
   3-4 Gymnastikreifen (Holz), 1 Turnmatte (200 cm lang)
4. **Station: Rechts und links die Holme (1,80 m hoch) greifen und zur anderen Seite hangeln**
   1 Hochbarren (Holme 1,80 m hoch), 2 kleine Kästen

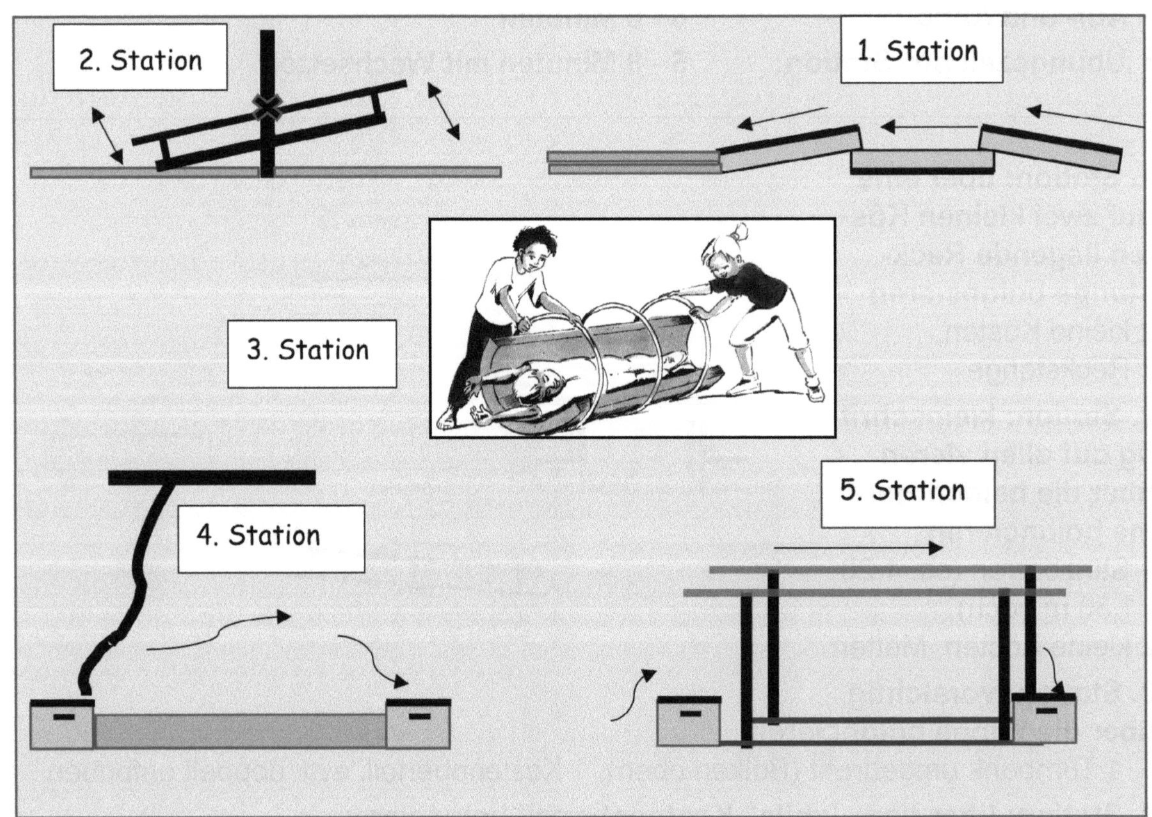

6 Bausteine für Bewegungslandschaften

Die hier vorgestellten Bausteine sind Gerätekombinationen, die sich schwerpunktmäßig mit den Grundtätigkeiten Balancieren, Wälzen-Rollen, Hangeln-Schaukeln-Schwingen, Hüpfen-Springen, Stützen und Steigen-Klettern beschäftigen und dabei die alternative Nutzung von Geräten veranschaulichen. Rutschen und Kriechen werden hier nicht extra erwähnt, in der Praxis aber berücksichtigt.

Die hier genannten Vorschläge lassen sich in der Regel in jeder Sporthalle ohne großen Aufwand umsetzen, erheben aber keinen Anspruch auf Vollständigkeit.

Die jeweiligen Bausteine darf man nicht isoliert betrachten. Die hier genannten Beispiele sind zwar einem Schwerpunkt zugeordent, trotzdem werden aber häufig mehrere Grundtätigkeiten beansprucht und geschult.

Bei diesem Beispiel werden die Grundtätigkeiten Steigen, Klettern, Stützen, Balancieren mit unterschiedlichen Anteilen beansprucht *(Abb. 11).*

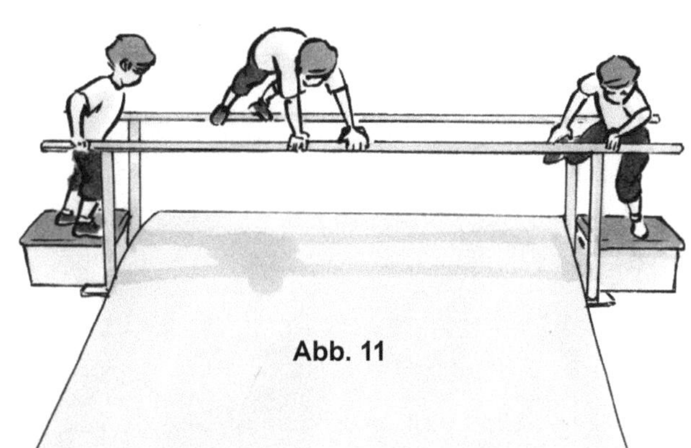

Abb. 11

Die hier skizzierten Bausteine können vom Sportlehrer kopiert und den Schülern zur Ansicht „in die Hand“ gegeben werden. Sie erkennen aufgrund der Grafiken oder der Abbildungen die benötigten Geräte, ihre alternative Nutzung und können sich dadurch aktiv am Aufbau beteiligen.

Notwendige Sicherheitsvorkehrungen (zusätzliches Auslegen von Matten) müssen immer der Zielgruppe angepasst werden und sind deshalb beim Aufbau zu berücksichtigen.

Siehe hierzu Kapitel 4: Vorbereitung und Organisation von Bewegungslandschaften – Checkliste Sicherheit.

Aufgrund der hier genannten Beispiele hat der Sportlehrer die Möglichkeit, unter Berücksichtigung seiner Schüler/Klasse und der Voraussetzungen vor Ort die entsprechenden Bausteine auszuwählen und sie zu einer Bewegungslandschaft zusammenzustellen. Folgende Punkte haben sich bei der Umsetzung bewährt.

1. **Welche Geräte sollen kombiniert werden?**
2. **Wo sollen die Geräte ihren Standort haben (aufgebaut werden)?**
3. **Wer baut welche Station auf?**
4. **Wie viele Schüler sind nötig, um das Gerät zu transportieren bzw. die Gerätekombination aufzubauen?**
5. **Sichere Verbindungen zwischen den einzelnen Geräten schaffen. Kontrolle durch Sportlehrer.**
6. **Den Risikobereich zwischen den Geräten und um die Geräte herum absichern. Kontrolle durch Sportlehrer.**

BEWEGUNGSLANDSCHAFTEN
Abenteuerturnen organisieren – ermöglichen – Bestell-Nr. 12 266
KOHL VERLAG

Bausteine in der tabellarischen Übersicht

Die tabellarische Übersicht zeigt auf der **linken Seite** immer die jeweilige Grafik oder die Abbildung der Gerätekombination. Auf der **rechten Seite** werden die benötigten Geräte aufgeführt. In der **grau unterlegten Zeile** wird die jeweilige Bewegungsaufgabe genannt. Hier kann der Sportlehrer natürlich verändern, ergänzen und variieren. Diese Angaben erleichtern dem Sportlehrer die Auswahl der Bausteine. Die folgenden Beispiele veranschaulichen die oben genannten Punkte.

Grafik oder Abbildung	benötigte Geräte
	• 4 Reckpfosten • 3 Reckstangen • 1 Tau (dickes Seil), wird zusätzlich mit Seilen rechts und links am Reckpfosten fixiert • Turnmatten
Balancieren über die niedrige Reckstange, von dort mit den Händen das Tau (Seil) greifen und daran entlang hangeln, mit den Füßen auf die mittig angebrachte Reckstange gehen und mit den Händen über Kopf die obere Reckstange greifen und zur anderen Seite hangeln/balancieren.	

Grafik oder Abbildung	benötigte Geräte
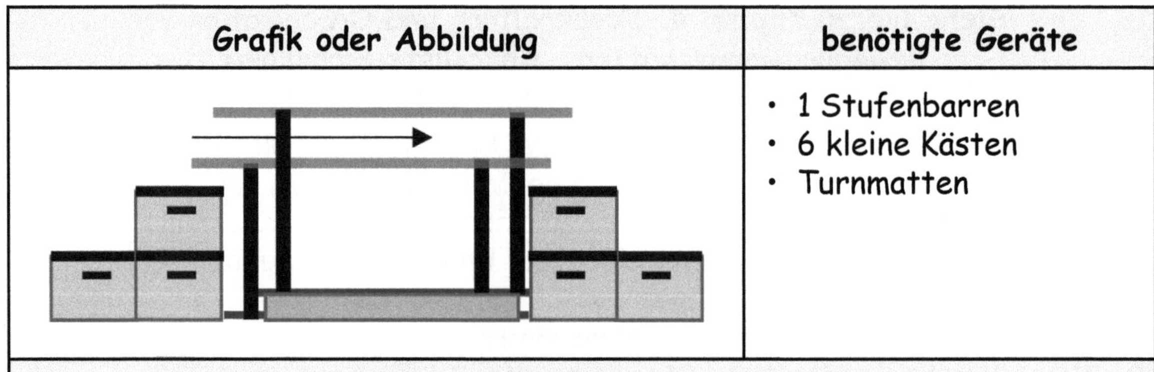	• 1 Stufenbarren • 6 kleine Kästen • Turnmatten
Von der Kastentreppe mit einer Hand den unteren Holm und mit der anderen Hand den oberen Holm fassen: langsam durch die Holmgasse zur anderen Seite stützeln.	

KOHL VERLAG BEWEGUNGSLANDSCHAFTEN Abenteuerturnen organisieren – ermöglichen – Bestell-Nr. 12 266

6 Bausteine für Bewegungslandschaften

- Auf die Bezeichnung der Bausteine bzw. der Bewegungslandschaft wird hier bewusst verzichtet.
- Die Schüler werden mit ihrer Fantasie und Kreativität passende „Namen“ finden, die ihren Vorstellungen entsprechen.
- Die Abbildungen und Grafiken stellen manchmal nicht den vollständigen Aufbau der Gerätekombination dar.
- Die notwendigen Sicherheitsmaßnahmen (zusätzliches Auslegen von Matten), müssen immer der jeweiligen Klasse/Gruppe angepasst werden.

Auswahl der Bausteine für eine Bewegungslandschaft

Bei der Auswahl der Bausteine und bei der Zusammenstellung von Bewegungslandschaften muss der Sportlehrer grundsätzlich überlegen, welche Gerätekombinationen für die Schüler seiner Klasse oder Gruppe geeignet sind.

Der Sportleher muss die unterschiedlichen motorischen Voraussetzungen (kordinativ und konditionell) seiner Schüler „im Auge“ behalten.

Um den leistungsschwächeren, aber auch den leistungsstärkeren Schülern gleichermaßen gerecht zu werden, genügt es manchmal schon den ausgewählten Baustein geringfügig zu verändern, z. B.:

Auf allen vieren über die Barrenholme stützeln.

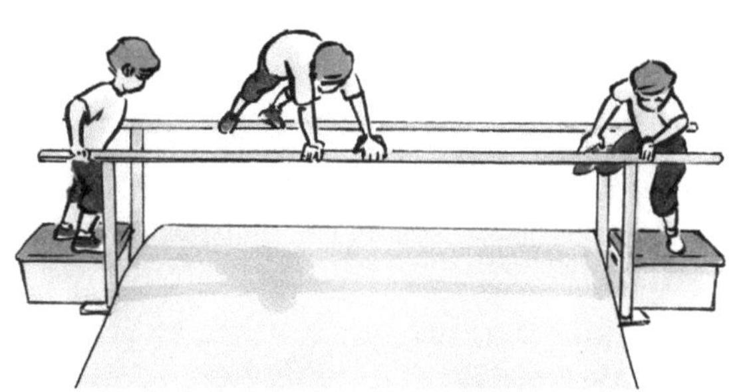

oder

Durch die Holmgasse stützeln – von Kasten zu Kasten

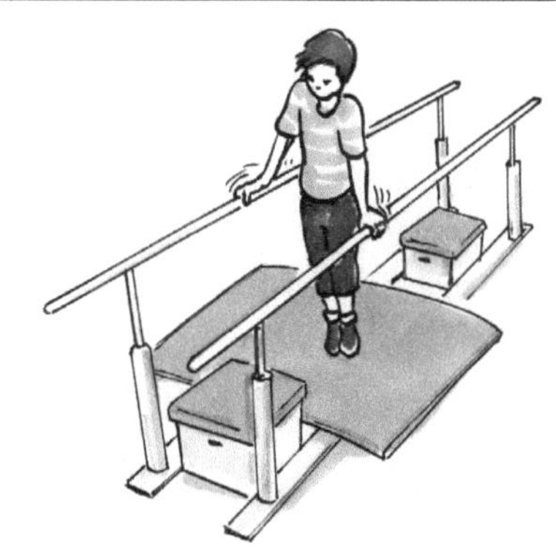

Über die Kastentreppe klettern, dabei die Hände immer voransetzen. Vom letzten Kasten auf die Matte springen.

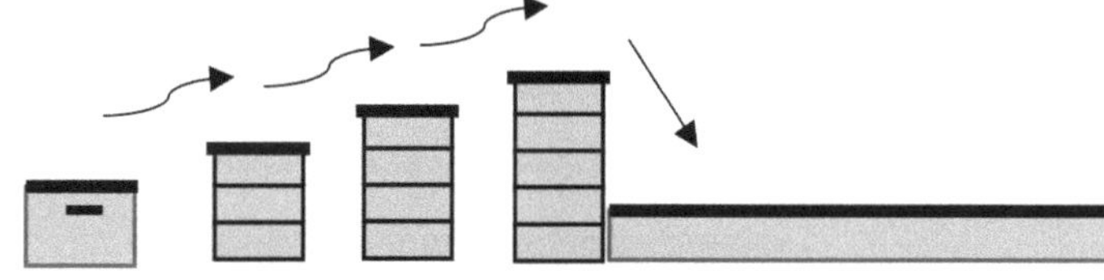

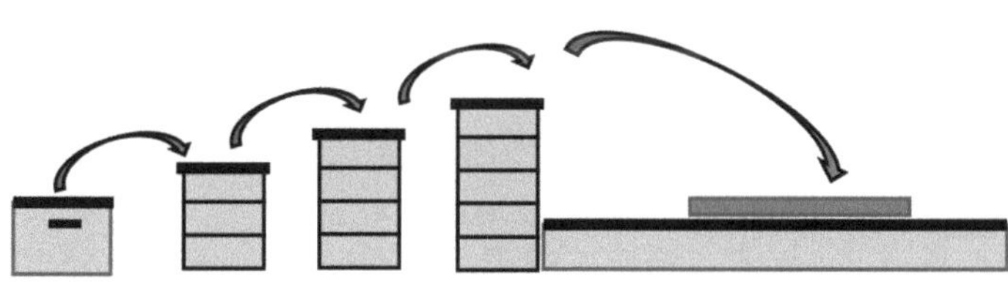

Mit Schrittsprüngen über die Kastentreppe laufen, einbeiniger Absprung vom letzten Kasten und Ziellandung im markierten Bereich.

6.1 Bewegungsschwerpunkt „Balancieren“

Im Wesentlichen geht es darum, seinen Körper auf einer kleinen (begrenzten) oder labilen Unterstützungsfläche im Gleichgewicht zu halten bzw. ins Gleichgewicht zu bringen.

Balancieren und hierbei das Gleichgewicht halten bzw. wiederherzustellen ist in vielen Übungen und Sportarten von größter Wichtigkeit. Eine gut entwickelte Gleichgewichtsfähigkeit ist eine bedeutende motorische Kompetenz für das Lernen/Üben und Ausführen vieler Sportarten.

Übungsschwerpunkte: Balancieren vor-, seit-, rückwärts – mit und ohne Hilfe – zu zweit mit Handfassung: einer geht vorwärts – der andere rückwärts – mit Ball in den Händen – auf dem Kopf – zu zweit aneinander vorbeigehen usw.

Tipp

- Am Ende des Kapitels folgen zwei Vorschläge für mögliche Bewegungslandschaften, wobei der Schwerpunkt Balancieren, aber auch Bausteine mit anderen Grundtätigkeiten berücksichtigt werden. Nur so sind Bewegungslandschaften für die Schüler interessant, „erlebnisreich“ und „abenteuerlich“.
- Diese Beispiele dienen dem Sportlehrer als Anregung für die Zusammenstellung weiterer Bewegungslandschaften.
- Der Sportlehrer muss evtl. aufgrund der örtlichen Gegebenheiten modifizieren und unter Beachtung seiner Gruppe/Klasse auch inhaltliche Veränderungen vornehmen.
- Um die Planung und Umsetzung zu erleichtern, wird immer erst ein einfaches – nicht so aufwendiges – Beispiel aufgezeigt, das auch in einer ganz normalen Sportstunde von 45 Minuten umsetzbar ist.
- Es folgt ein zweites Beispiel mit mehr Geräten/Stationen mit einem aufwendigerem Aufbau, das für eine Doppelstunde gedacht ist und evtl. den ganzen Schulvormittag stehen bleiben kann.

Siehe hierzu auch Kapitel 5: Bewegungslandschaften konkret: Einzelstunde und Doppelstunde

Baustein	benötigte Geräte
	• Turnbank • Turnbank umgedreht (Sitzfläche unten – Balken oben)
Balancieren über die Turnbank – den Balken der umgedrehten Turnbank.	
	• 3 Turnbänke • 2 Bänke aneinander stellen • 1 Bank umgedreht darüber legen
Balancieren über den Balken der umgedrehten Bank.	

6.1 Bewegungsschwerpunkt „Balancieren“

Baustein	benötigte Geräte
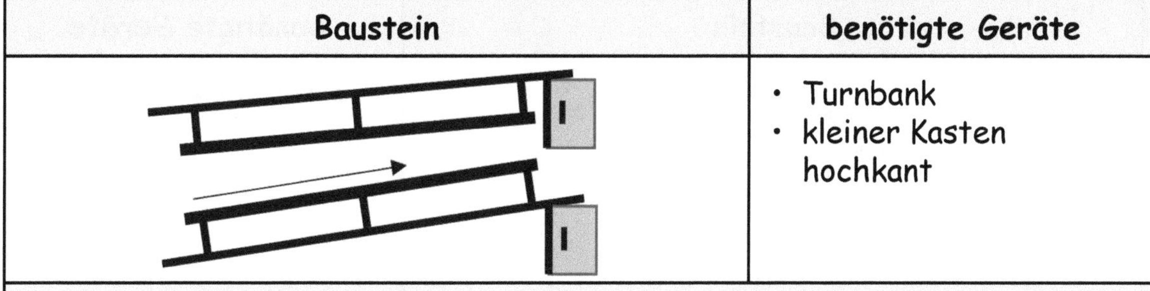	• Turnbank • kleiner Kasten hochkant
Balancieren über die Turnbank – den Balken der umgedrehten Turnbank.	
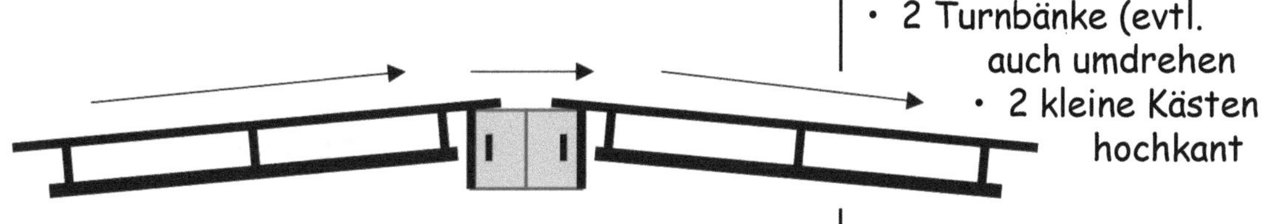	• 2 Turnbänke (evtl. auch umdrehen • 2 kleine Kästen hochkant
Balancieren über die Turnbank – den Balken der umgedrehten Turnbank.	
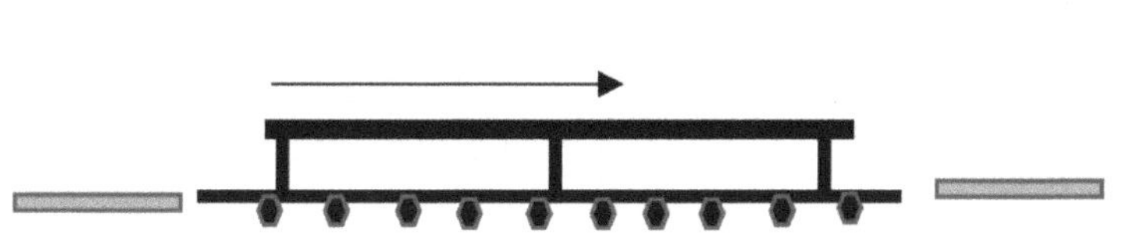	• 1 Turnbank umgedreht • 8 - 10 Turnstäbe aus Holz darunter legen • 2 Turnmatten als „Stopper“
Balancieren über den Balken der auf Turnstäben liegenden umgedrehten Bank.	
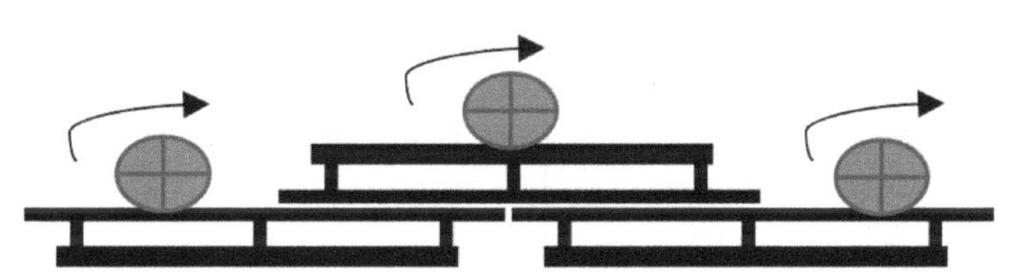	• 3 Turnbänke • 2 Bänke aneinander stellen • 1 Bank umgedreht darüber legen • 3 Medizinbälle
Balancieren über die Turnbank – den Balken und dabei die Medizinbälle übersteigen.	
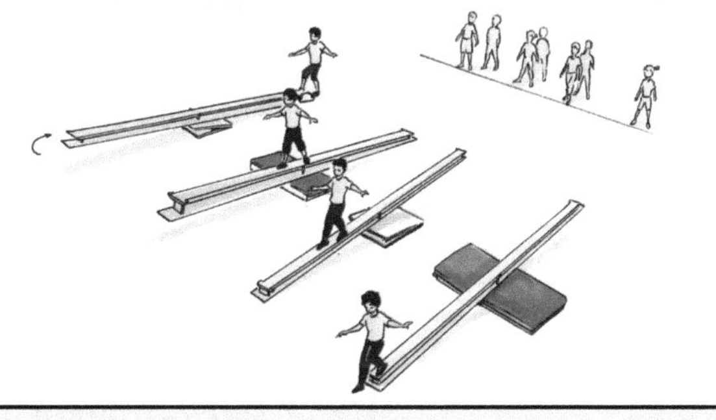	• 2 Turnbänke • 1 Sprungbrett • 1 Kastenoberteil (hier doppelt aufgebaut)
Balancieren über den Balken der Turnbank erst aufwärts, dann abwärts.	
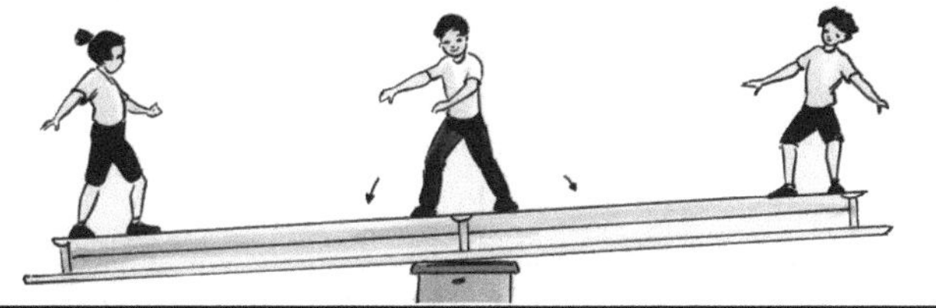	• 1 Turnbank umgedreht (Balken oben) • 1 Kastenoberteil
Balancierend das Gleichgewicht haltend. – Im Gleichgewicht bleiben.	

BEWEGUNGSLANDSCHAFTEN
Abenteuerturnen organisieren – ermöglichen – Bestell-Nr. 12 266

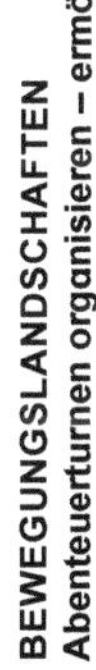

6.1 Bewegungsschwerpunkt „Balancieren“

Baustein	benötigte Geräte
	• 2 Turnbänke
Balancieren über den Balken der umgedrehten Turnbank.	
	• 1 Turnbank umgedreht (Balken oben) • 1 Kastenoberteil • 1 Gymnastikball
Balancierend das Gleichgewicht haltend.	
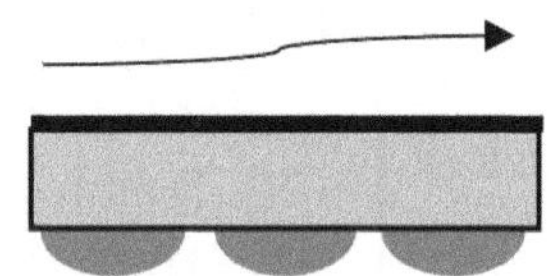	• 3 Medizinbälle • 1 Kastenoberteil
Balancieren über das „labile“ Kastenoberteil.	
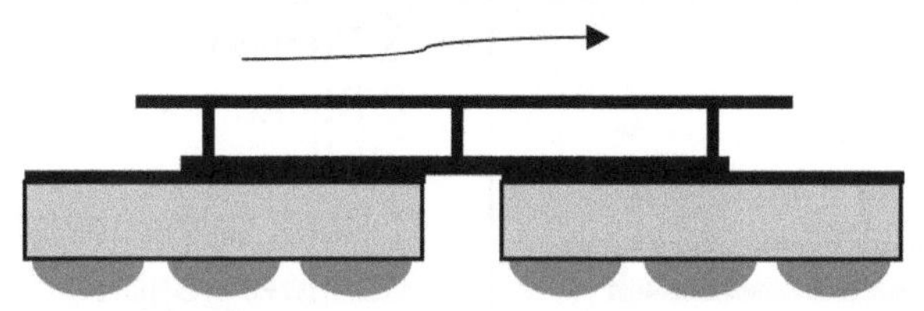	• 6 Medizinbälle • 2 Kastenoberteile • 1 Turnbank
Balancieren über die auf „labilen“ Kastenoberteilen stehende Turnbank.	
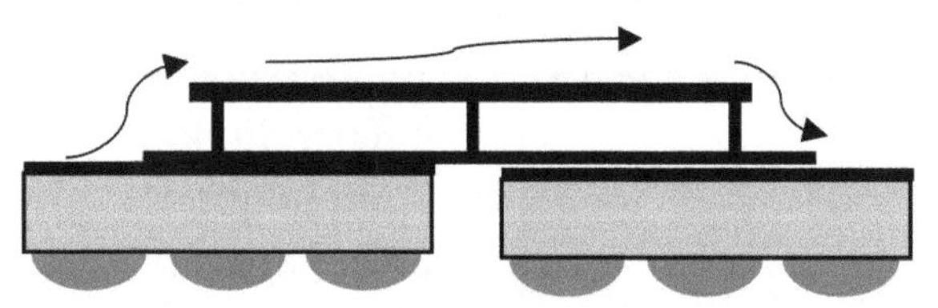	• 6 Medizinbälle • 2 Kastenoberteile • 1 Turnbank umgedreht (Balken oben)
Balancieren über die auf „labilen“ Kastenoberteilen stehende umgedrehte Turnbank.	
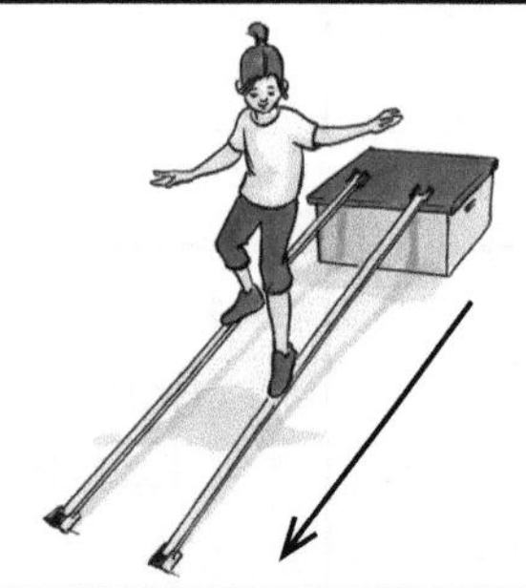	• 1 kleiner Kasten • 2 Reckstangen
Balancieren abwärts (oder auch aufwärts) auf zwei parallel liegenden Reckstangen.	

6.1 Bewegungsschwerpunkt „Balancieren“

Baustein	benötigte Geräte
	• 1 kleiner Kasten • 2 Reckstangen
Balancieren zu zweit auf zwei parallel liegenden Reckstangen.	
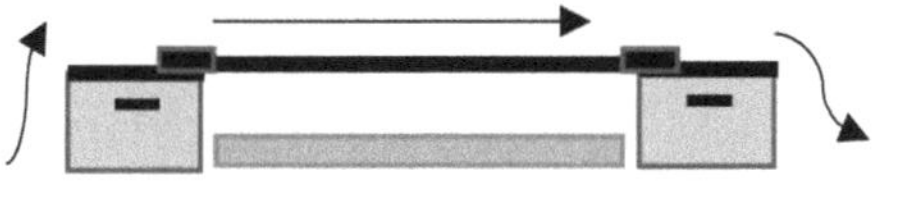	• 2 kleine Kästen • 1 Reckstange • Turnmatten
Balancieren über eine auf zwei kleinen Kästen liegenden Reckstangen.	
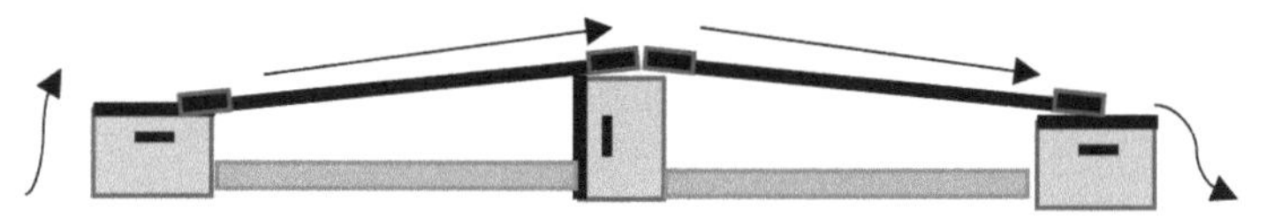	• 3 kleine Kästen • 2 Reckstangen • Turnmatten
Auf einer Reckstange auf- und abwärts balancieren.	
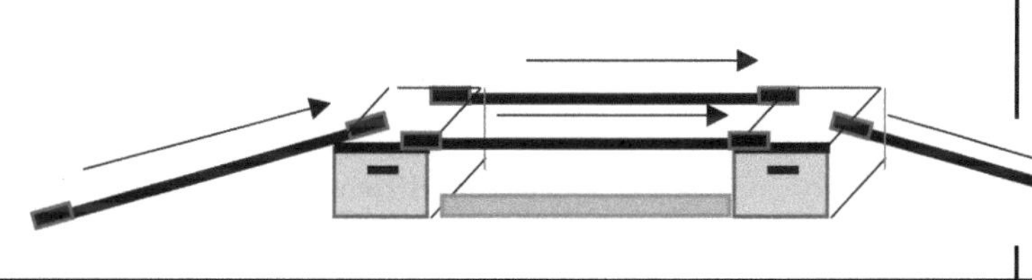	• 2 kleine Kästen • 4 Reckstangen • Turnmatten
Balancieren über eine Reckstange und über zwei parallel liegende Reckstangen.	
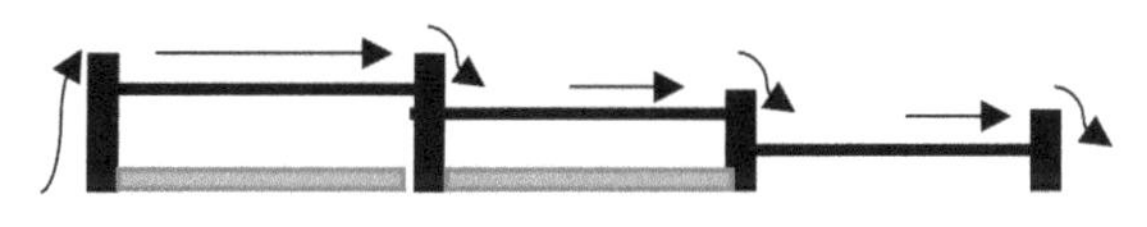	• 3 Recke (3 Reckstangen und 4 Pfosten, die herausgezogen werden können)
Balancieren über die stufenweise angebrachten Reckstangen.	
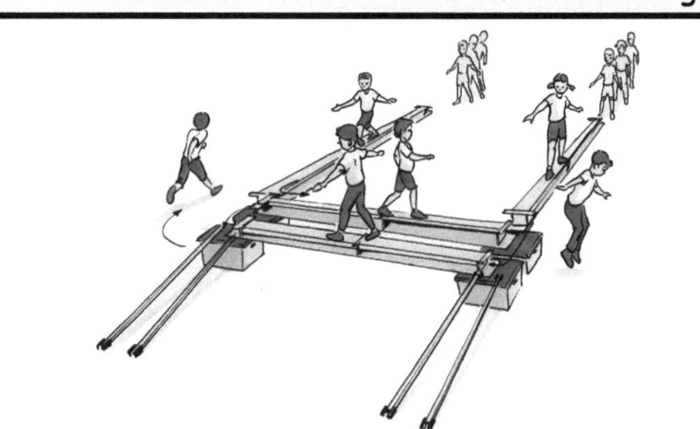	• 4 Turnbänke • 4 Reckstangen • 4 kleine Kästen
Balancieren über Turnbänke und parallel liegende Reckstangen – auf und ab.	

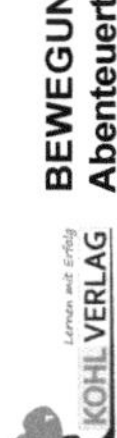

6.1 Bewegungsschwerpunkt „Balancieren“

Baustein	benötigte Geräte
	• 3 Reckpfosten • 4 Reckstangen • 2 dreiteilige große Kästen • 2 Turnbänke
Balancieren über Turnbänke und Reckstangen mit Griff an der oberen Reckstange.	
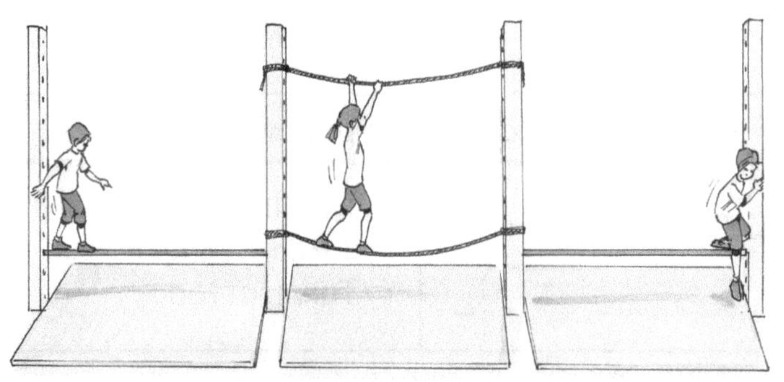	• 4 Reckpfosten • 2 Reckstangen • 2 Seile (Taue), zusätzlich mit Sprungseilen sichern
Balancieren über die Reckstangen und das Seil/Tau mit Griff am oberen Seil.	
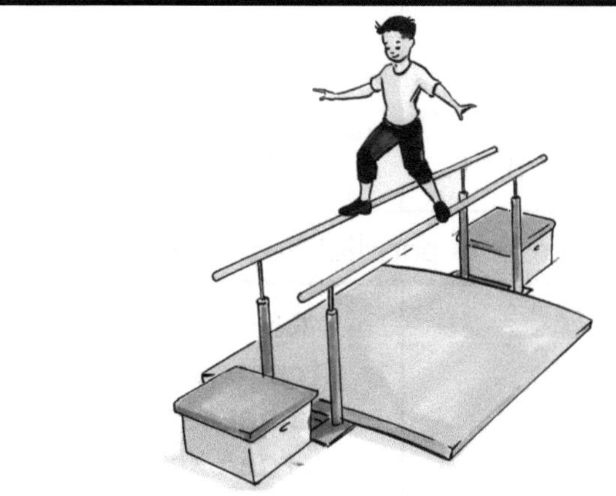	• 1 Stützbarren (ca. 1,20 - 1,30m hoch) • 2 kleine Kästen
Aus dem Vierfüßlerstand langsam aufrichten und kleinschrittig aufrecht über die beiden Holme balancieren.	
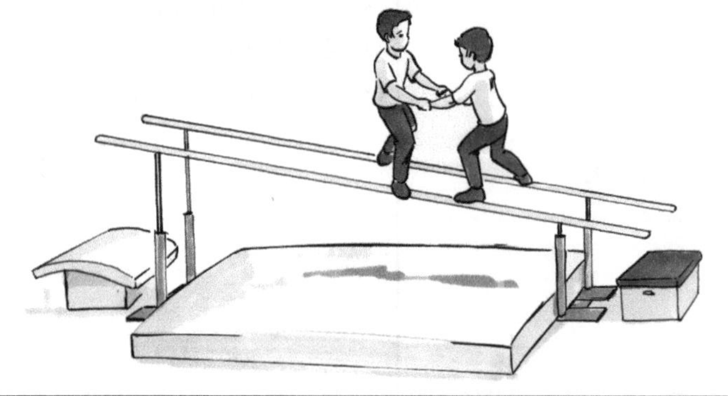	• 1 Stützbarren (von 1,20 - 1,30m ansteigend) • 2 kleine Kästen • Zunächst allein probieren - nur vorwärts, später mit dem Partner.
Kleinschrittig aufrecht über die beiden ansteigenden Holme balancieren.	

KOHL VERLAG
BEWEGUNGSLANDSCHAFTEN
Abenteuerturnen organisieren – ermöglichen – Bestell-Nr. 12 266

6.1 Bewegungsschwerpunkt „Balancieren“

Baustein	benötigte Geräte
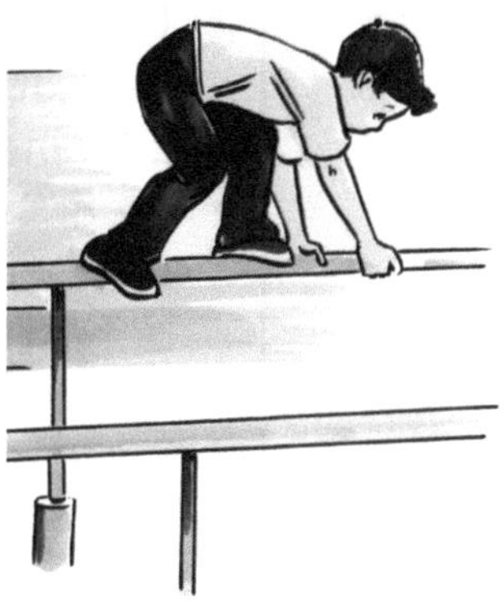	• 1 Stützbarren ca. 1,20 - 1,30 m hoch • Turnmatten/Weich-boden
Kleinschrittig auf allen vieren über einen Holm balancieren.	
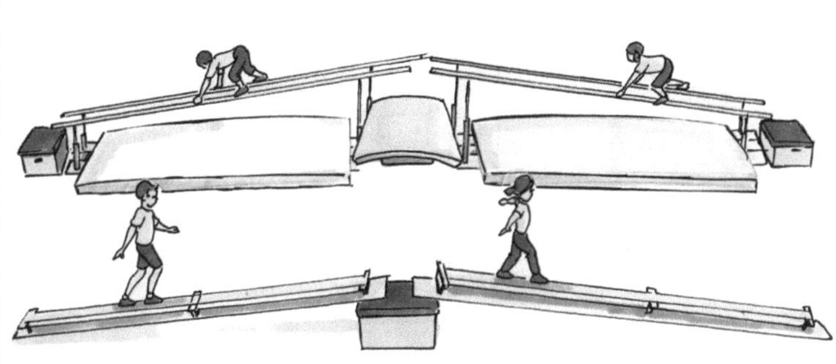	• 2 Stützbarren mit ansteigenden Holmen • 3 kleine Kästen • Turnmatten • 2 Turnbänke
Balancieren über die Schrägen der Barren und der umgedrehten Turnbänke.	
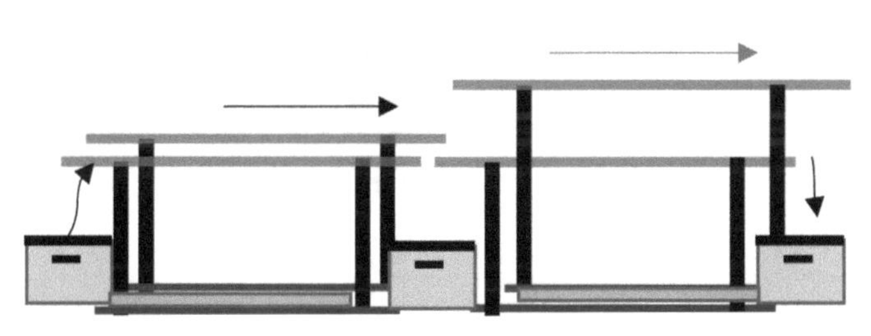	• 1 Stützbarren ca. 1,20 - 1,30 m hoch • 1 Stufenbarren unterer Holm 1,20 m - oberer Holm ca. 1,50 m • 3 kleine Kästen • Turnmatten
Balancieren über den Stützbarren und den unteren Holm des Stufenbarrens.	
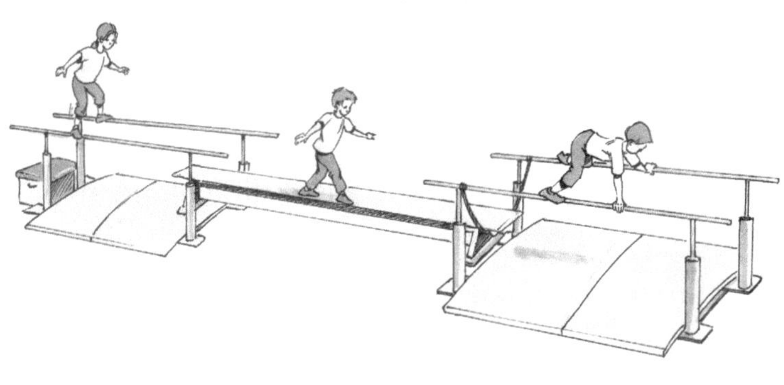	• 2 Stützbarren ca. 1,20 - 1,30 m hoch • 1 Turnbank • 4 - 6 Seile zum Befestigen der Turnbank
Beliebiges Balancieren über die Holme und die eingehängte labile Turnbank.	

BEWEGUNGSLANDSCHAFTEN
Abenteuerturnen organisieren – ermöglichen – Bestell-Nr. 12 266

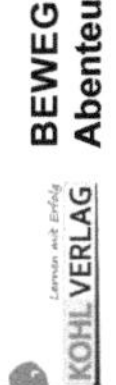

Baustein	benötigte Geräte
	• 1 Stützbarren, ca. 1,30 m hoch • 2 kleine Kästen • ca. 8 Seile, jeweils an den beiden Holmen befestigen • Turnmatten
Kleinschrittiges Balancieren über die an den Holmen befestigten Seile.	
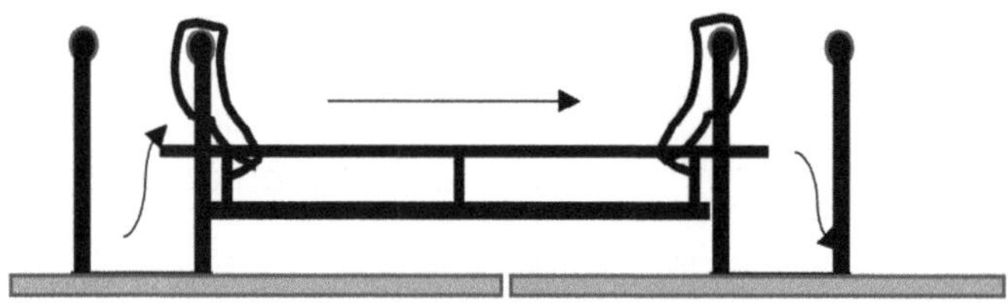	• 2 Stützbarren • 1 Turnbank • 2 - 4 Turnmatten • Seile zum Fixieren der eingehängten Turnbank
Aufsteigen und über die schwankende Turnbank balancieren.	
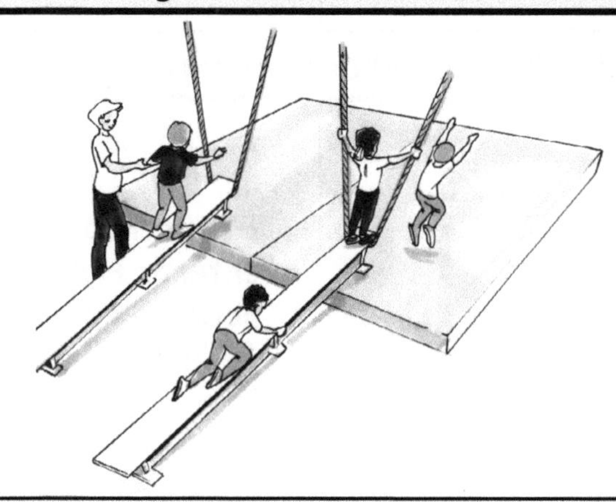	• Taue verknoten und mit Sprungseilen zusätzlich sichern • 2 Turnbänke • 2 Weichboden • Sprungseile
Über die eingehängte Turnbank nach oben gehen/balancieren und Niedersprung auf den Weichboden.	
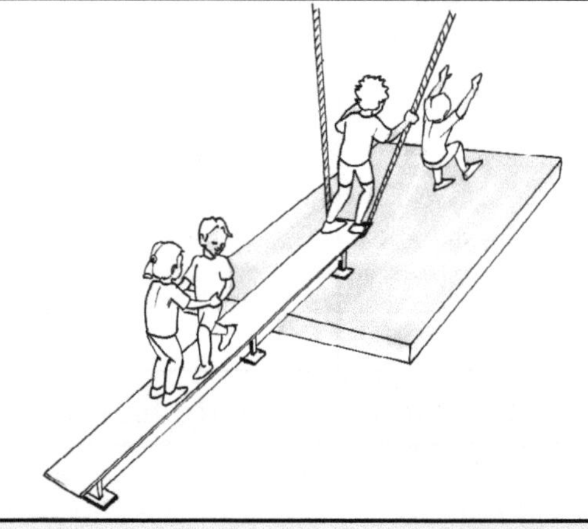	• Taue verknoten und mit Sprungseilen zusätzlich sichern • 1 Turnbank • 1 Weichboden • Sprungseile
Allein oder zu zweit über die eingehängte Turnbank nach oben gehen/balancieren und dann umsichtig auf den Weichboden springen.	

6.1 Bewegungsschwerpunkt „Balancieren“

Baustein	benötigte Geräte
	• 1 drei- bis vierteiliger großer Kasten • 2 Turnbänke • 2 - 4 Seile zum Verbinden der Turnbänke • 4 - 6 Taue verknoten und mit Sprungseilen zusätzlich sichern
Balancieren über die labile ansteigende und die eingehängte Turnbank.	
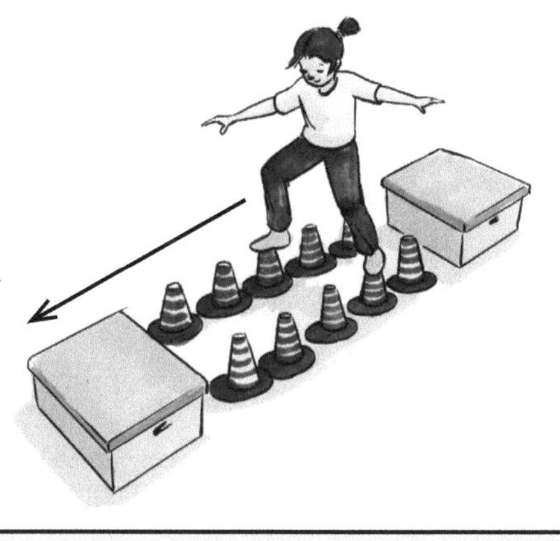	• 2 kleine Kästen • ca. 10 stabile Pylone - parallel aufgestellt
Balancieren über die parallel stehenden Pylone (evtl. zunächst auch mit Hilfe).	
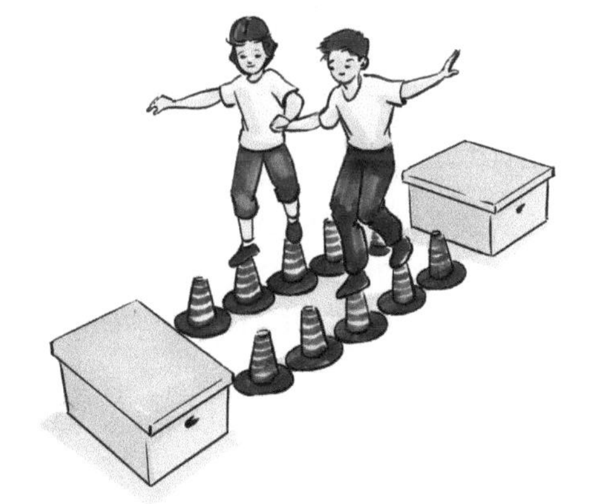	• 2 kleine Kästen • ca. 10 stabile Pylone - parallel aufgestellt
Balancieren über eine Reihe der parallel stehenden Pylone.	
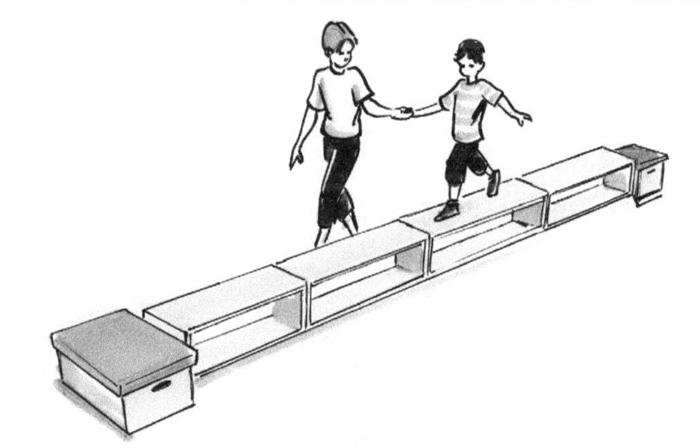	• 3 - 5 Kastenteile • 2 kleine Kästen
Balancieren über die auf einer Seite stehenden Kastenteile.	

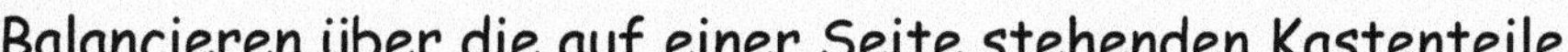

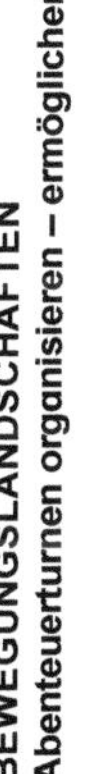

KOHL VERLAG
BEWEGUNGSLANDSCHAFTEN
Abenteuerturnen organisieren – ermöglichen – Bestell-Nr. 12 266

Baustein	benötigte Geräte
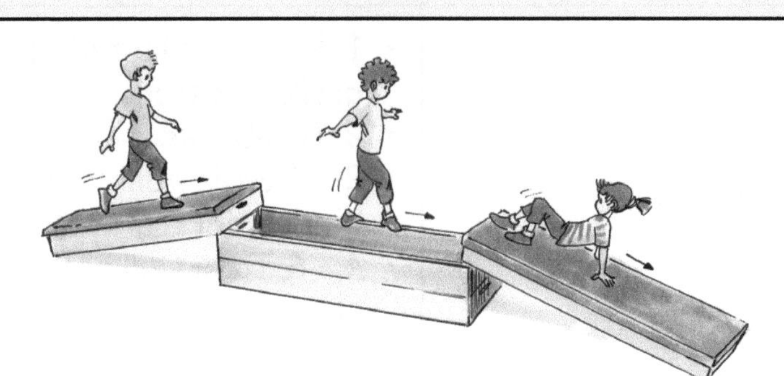	• 2 Kastendeckel • 1 zwei- oder drei-teiliger offener großer Kasten
Balancieren über den offenen zwei- oder dreiteiligen großen Kasten. Beide Füße können auch auf eine Kante gesetzt werden.	
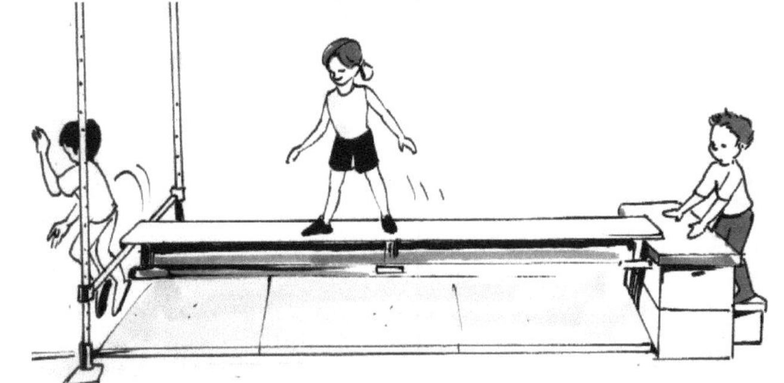	• 1 Reck mittelhoch • 1 großer Kasten • 1 kleiner Kasten • Turnmatten
Die Kastentreppe hinaufsteigen, über die eingehängte Turnbank balancieren und Niedersprung auf die Matten.	

Bewegungslandschaft: Balancieren-Schaukeln-Klettern - 4 Stationen

Eine ganz normale Sportstunde – 45 Minuten

Es sind Geräte ausgewählt und kombiniert worden, die von den Schülern zum größten Teil auf Anweisung des Sportlehrers selbst transportiert, auf- und abgebaut werden können. Der Sportlehrer nennt/markiert die Standorte der jeweiligen Station.

Die Übersicht auf der folgenden Seite ermöglicht es, alles auf „einen Blick“ zu sehen. Diese Seite kann vom Sportlehrer kopiert werden und dient den Schülern als Aufbauhilfe.

Die Anordnung bzw. Reihenfolge der Stationen kann verändert oder den jeweiligen Gegebenheiten angepasst werden.

4. Station: Der Sportlehrer unterstützt beim Bereitstellen des Stützbarrens und überprüft die Arretierung der Holme.
Die Stationen 1, 2 und 3 können auch doppelt aufgebaut werden.

Zur Verfügung stehende Zeit: ca. 40 - 42 Minuten

- **Je Station:** **4 - 6 Schüler**
- **Auf- und Abbau:** **8 - 12 Minuten**
- **Übungszeit pro Station:** **6 - 8 Minuten mit Wechselzeit**

6.1 Bewegungsschwerpunkt „Balancieren“

1. **Station: Balancieren abwärts über zwei parallel liegende Reckstangen. Später auch über eine Reckstange abwärts balancieren.**

1 kleiner Kasten, 2 Reckstangen, Turnmatten

2. **Station: Je ein Schüler steht am Ende der umgedrehten Turnbank. Der in der Mitte stehende Schüler bringt die Bank durch Gewichtsverlagerung zum Schaukeln.**

1 Kastendeckel, 1 Turnbank, Turnmatten

3. **Station: Balancieren über eine Reihe parallel stehender Pylone. Evtl. auch über eine Reihe balancieren.**

kleine Kästen, ca. 10 - 12 stabile Pylone - parallel aufgestellt

4. **Station: Vom kleinen Kasten auf die Holme klettern und sich langsam aufrichten. Kleinschrittig aufrecht über die beiden Holme balancieren. Evtl. zunächst auf allen Vieren über die Holme balancieren.**

1 Stützbarren (ca. 1,20 - 1,30 m hoch) 2 kleine Kästen, Turnmatten

4 Stationen: Balancieren-Schaukeln

1. Station

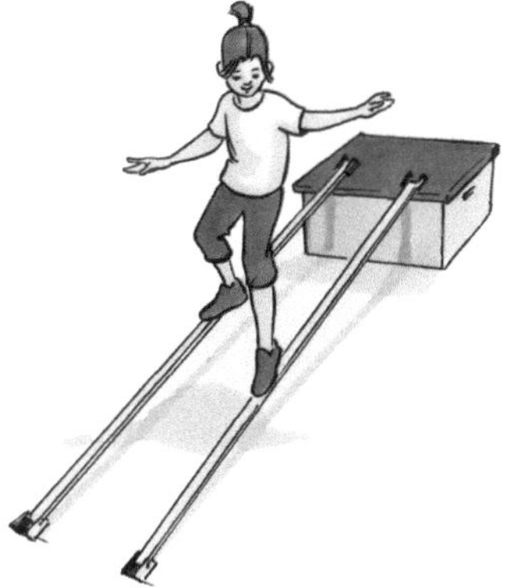

Balancieren abwärts über zwei parallel liegende Reckstangen. Später auch über eine Reckstange abwärts balancieren.

1 kleiner Kasten, 2 Reckstangen, Turnmatten

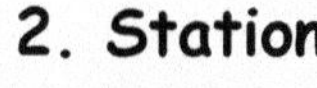
2. Station

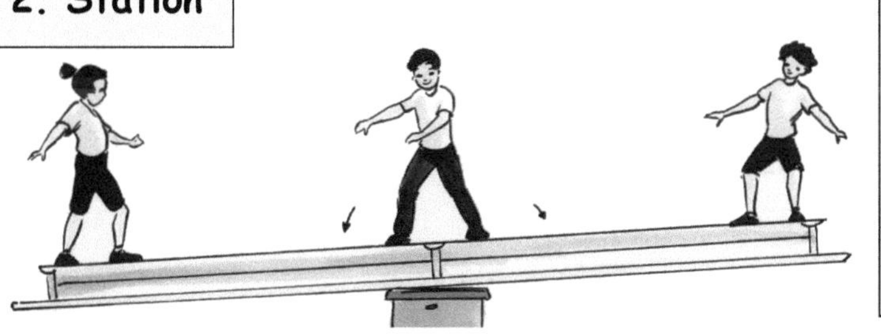

Je ein Schüler steht am Ende der umgedrehten Turnbank. Der in der Mitte stehende Schüler bringt die Bank durch Gewichtsverlagerung zum Schaukeln.

1 Kastendeckel, 1 Turnbank, Turnmatten

BEWEGUNGSLANDSCHAFTEN
Abenteuerturnen organisieren – ermöglichen – Bestell-Nr. 12 266
KOHL VERLAG

6.1 Bewegungsschwerpunkt „Balancieren“

3. Station

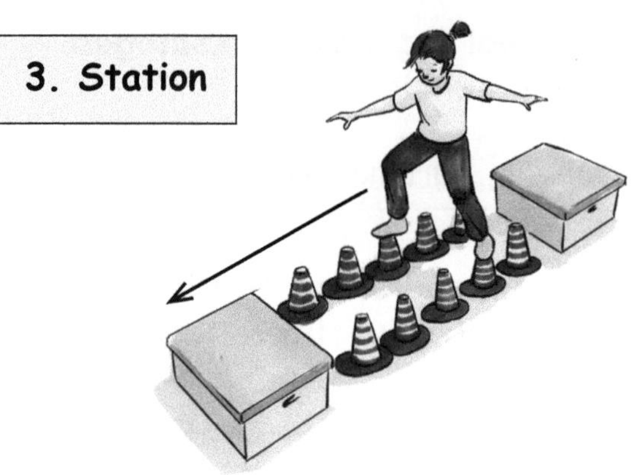

Balancieren über eine Reihe parallel stehender Pylone. Evtl auch über eine Reihe balancieren.

2 kleine Kästen, ca. 10 - 12 stabile Pylone – parallel aufgestellt

4. Station

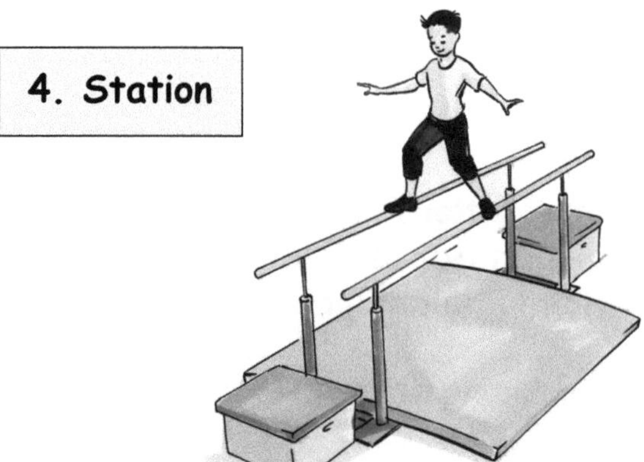

Vom kleinen Kasten auf die Holme klettern und sich langsam aufrichten. Kleinschrittig aufrecht über die beiden Holme balancieren. Evtl. zunächst auf allen vieren über die Holme balancieren.

1 Stützbarren (ca. 1,20 - 1,30 m hoch) 2 kleine Kästen, Turnmatten

Bewegungslandschaft: Balancieren-Steigen-Hangeln-Klettern – 3 Stationen

Doppelstunde – 90 Minuten

Die hier ausgewählten drei Gerätekombinationen sind sehr interessant und werden die Schüler motivieren. Der Aufbau ist umfangreich und muss deshalb sorgfältig geplant werden.

Station 1: Der Stützbarren mit den an den Holmen befestigten Seilen muss vom Sportlehrer vor der Stunde (am Tag vorher) entsprechend vorbereitet werden, sodass der Barren in der Stunde selbst nur an seinen Platz geschoben werden muss.

Station 2: ist schnell zu gestalten – einen Holm höher stellen, arretieren und die Holmengasse mit Matten/Weichboden sichern.

Station 3: Jeweils 2 Taue verknoten und mit Sprungseilen zusätzlich sichern. Danach die Turnbank einhängen und mit Weichböden entsprechend absichern.

Die Übersicht auf der folgenden Seite kann kopiert und den Schülern in die Hand gegeben werden, dadurch erübrigen sich manche Hinweise. Die Anordnung der Gerätekombinationen muss entsprechend der örtlichen Gegebenheiten angepasst werden.

Zur Verfügung stehende Zeit: ca. 80 Minuten

- **Je Station:** **6 - 8 Schüler**
- **Auf- und Abbau:** **15 - 20 Minuten**
- **Übungszeit pro Station:** **ca. 15 Minuten mit Wechselzeit**

---

1. **Station: Kleinschrittiges Balancieren über die an den Holmen befestigten Seile – von Kasten zu Kasten. Sich mit den Händen immer an den Holmen abstützen und die Bewegung sichern. Der zweite Schüler kann beginnen, wenn der erste Schüler den anderen kleinen Kasten erreicht hat.**

1 Stützbarren, ca. 1,30 m hoch, 2 kleine Kästen, ca. 8 Seile, jeweils an den beiden Holmen befestigen, Turnmatten

2. **Station: Sich mit den Knien am oberen Holm einhängen und kleinschrittig zur anderen Seite hangeln. Evtl. kleine Kästen als Aufstiegshilfen an beiden Seiten des Barrens positionieren. Der zweite Schüler kann beginnen, wenn der erste Schüler den Barren auf der anderen Seite verlassen hat.**

1 Stufenbarren, 1 Weichboden/Turnmatten, 2 kleine Kästen

3. **Station: Über die eingehängte Turnbank auf allen vieren, mit Hilfe oder aufrecht nach oben gehen/balancieren und Niedersprung auf den Weichboden. Möglichst zwei Übungsmöglichkeiten anbieten.**

Taue verknoten und mit Sprungseilen zusätzlich sichern, 2 Turnbänke, 2 Weichböden, Sprungseile

BEWEGUNGSLANDSCHAFTEN Abenteuerturnen organisieren – ermöglichen – Bestell-Nr. 12 266

3 Stationen: Balancieren-Steigen-Hangeln-Klettern

1. Station

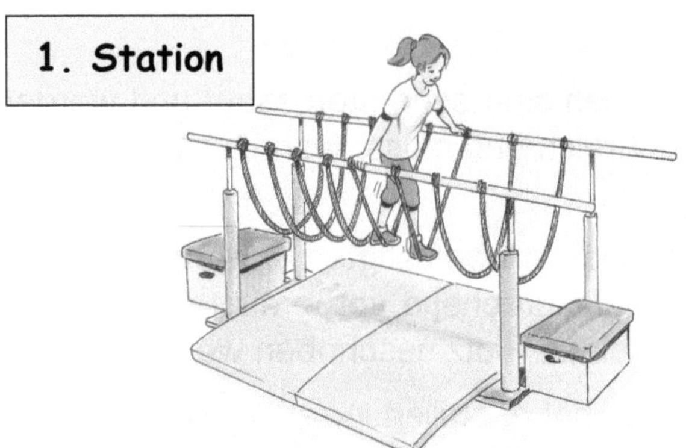

Kleinschrittiges Balancieren über die an den Holmen befestigten Seile - von Kasten zu Kasten. Sich mit den Händen immer an den Holmen abstützen und die Bewegung sichern. Der zweite Schüler kann beginnen, wenn der erste Schüler den anderen kleinen Kasten erreicht hat.

1 Stützbarren, ca. 1,30 m hoch, 2 kleine Kästen, ca. 8 Seile, jeweils an den beiden Holmen befestigen, Turnmatten

2. Station

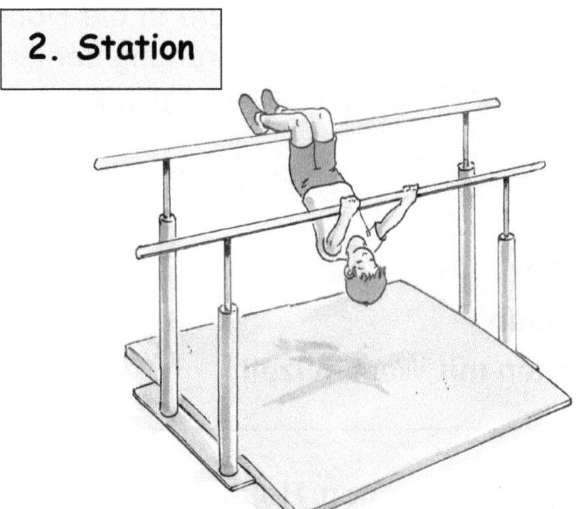

Sich mit den Knien am oberen Holm einhängen und kleinschrittig zur anderen Seite hangeln. Evtl. kleine Kästen als Aufstiegshilfen an beiden Seiten des Barrens positionieren. Der zweite Schüler kann beginnen, wenn der erste Schüler den Barren auf der anderen Seite verlassen hat. Später kann am Stufenbarren gestützelt werden - ein Arm oben und ein Arm unten.

1 Stufenbarren, 1 Weichboden/Turnmatten, 2 kleine Kästen

3. Station

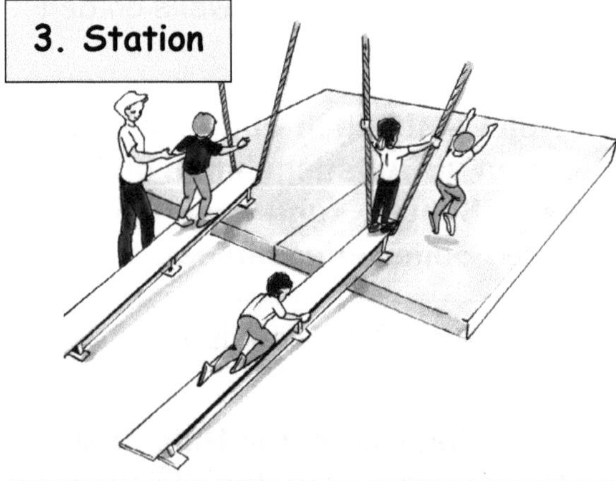

Über die eingehängte Turnbank auf allen vieren, mit Hilfe oder aufrecht nach oben gehen/balancieren und Niedersprung auf den Weichboden. Es ist immer nur ein Schüler auf der Turnbank. Möglichst zwei Übungsmöglichkeiten anbieten - siehe Abbildung.

Taue verknoten und mit Sprungseilen zusätzlich sichern, 2 Turnbänke, 2 Weichböden, Sprungseile

BEWEGUNGSLANDSCHAFTEN
Abenteuerturnen organisieren – ermöglichen – Bestell-Nr. 12 266
KOHL VERLAG

6.2 Bewegungsschwerpunkt „Wälzen–Rollen“

Unter Wälzen versteht man die Drehung um die Längenachse (verläuft vom Kopf zu den Füßen), z. B. sich mit gestrecktem Körper eine schräge Ebene hinab wälzen.

Bei den Rollen handelt es sich um Drehungen um die Breitenachse (verläuft von Schulter zu Schulter), z. B. Rolle vorwärts ausführen.

Wälzen und Rollen ermöglichen den Schülern vielfältige Rotationserfahrungen, außerdem wird hierbei die Orientierungsfähigkeit angesprochen und gefördert.

Übungsschwerpunkte: wälzen und rollen auf schrägen Ebenen hinunter – mit Geräthilfen – in Kombination mit rutschen, steigen, klettern und balancieren.

Tipp

- Am Ende des Kapitels folgen zwei Vorschläge für mögliche Bewegungslandschaften, wobei der Schwerpunkt Wälzen/Rollen, aber auch Bausteine mit anderen Grundtätigkeiten berücksichtigt werden. Nur so sind Bewegungslandschaften für die Schüler interessant, „erlebnisreich“ und „abenteuerlich“.
- Diese Beispiele dienen dem Sportlehrer als Anregung für die Zusammenstellung weiterer Bewegungslandschaften.
- Der Sportlehrer muss evtl. aufgrund der örtlichen Gegebenheiten modifizieren und unter Beachtung seiner Gruppe/Klasse auch inhaltliche Veränderungen vornehmen.
- Um die Planung und Umsetzung zu erleichtern, wird immer erst ein einfaches – nicht so aufwendiges – Beispiel aufgezeigt, das auch in einer ganz normalen Sportstunde von 45 Minuten umsetzbar ist.
- Es folgt ein zweites Beispiel mit mehreren Geräten/Stationen mit einem aufwendigerem Aufbau, das für eine Doppelstunde gedacht ist und evtl. den ganzen Schulvormittag stehen bleiben kann.

Siehe hierzu auch Kapitel 5: Bewegungslandschaften konkret: Einzelstunde und Doppelstunde

Baustein	benötigte Geräte
	• 2 kleine Kästen • 1 dreiteiliger Kasten • 1 vierteiliger Kasten • 2 Turnbänke werden als Unterlage für den Weichboden am Kasten eingehängt • 2 Weichböden • 3 Turnmatten
Die Kastentreppe hinaufsteigen und die schräge Ebene hinab wälzen.	

6.2 Bewegungsschwerpunkt „Wälzen–Rollen“

Baustein	benötigte Geräte
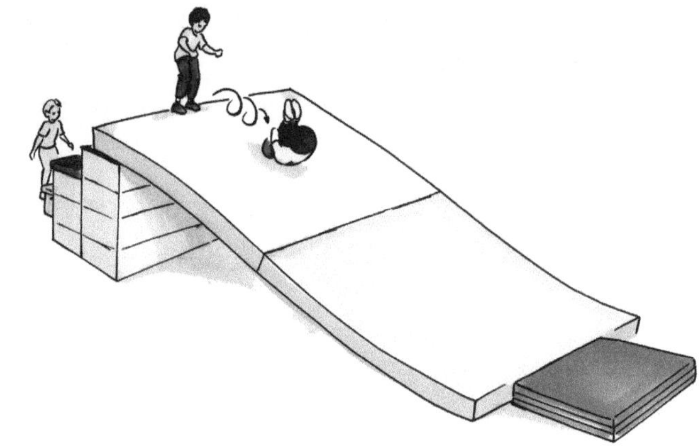	• 2 kleine Kästen • 1 dreiteiliger Kasten • 1 vierteiliger Kasten • 2 Turnbänke • 2 Weichböden • 3 Turnmatten
Die Kastentreppe hinaufsteigen und die schräge Ebene hinabrollen.	
	• 2 Kastendeckel • 8 - 10 Turnmatten • Matten evtl. doppelt legen
Über die Matten hinauf- und wieder herunterwälzen. Unter den Matten stehen Kastendeckel.	
	• 4 - 6 Turnmatten • 2 Sprungbretter mit den hohen Seiten aneinander
Die Schräge hinauf- und auch wieder herabwälzen/rollen.	
	• 1 kleiner Kasten • 1 Turnbank seitlich umgelegt • 1 Weichboden
Aufstiegshilfe kleiner Kasten: Rollen vor- oder rückwärts die labile Fläche hinab.	
	• 4 kleine Kästen (zwei neben- und zwei hinter-einander) • 2 Weichböden • 2 Turnmatten
Die schräge Ebene herunterwälzen und auf der „Geraden“ weiter wälzen.	

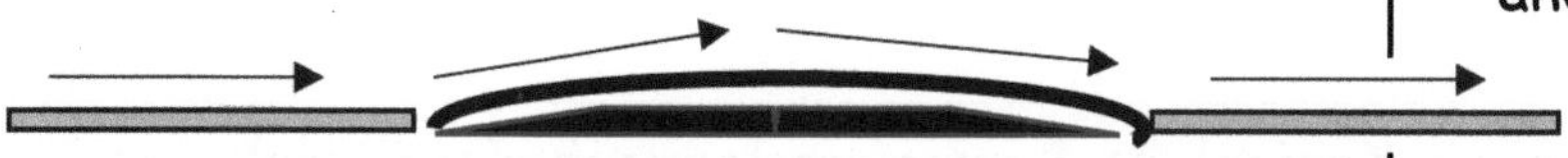

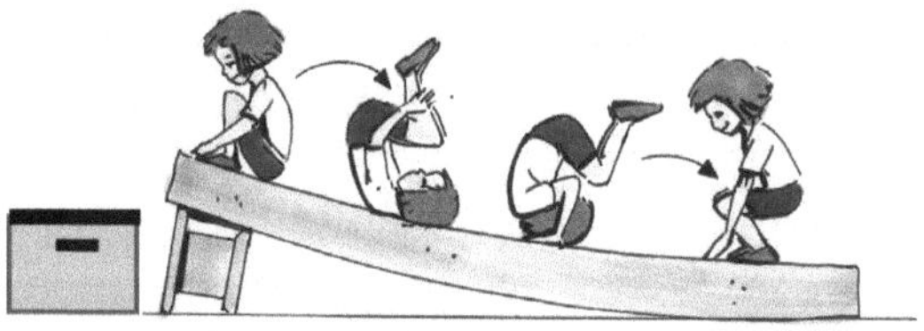

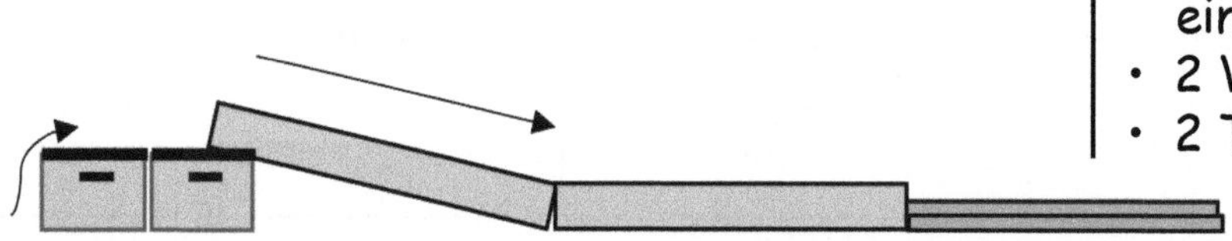

6.2 Bewegungsschwerpunkt „Wälzen–Rollen“

Baustein	benötigte Geräte
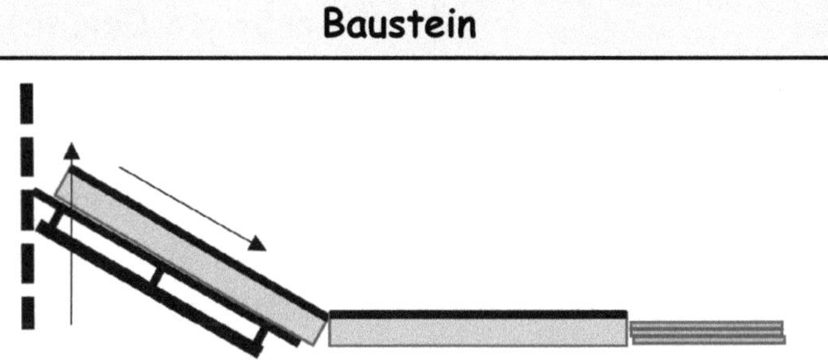	• 1 Sprossenwand • 2 - 3 Turnbänke als Unterlage für den Weichboden • 2 Weichböden • 3 Turnmatten
Sprossenwand hochsteigen und danach die schräge Ebene hinabwälzen oder -rollen.	
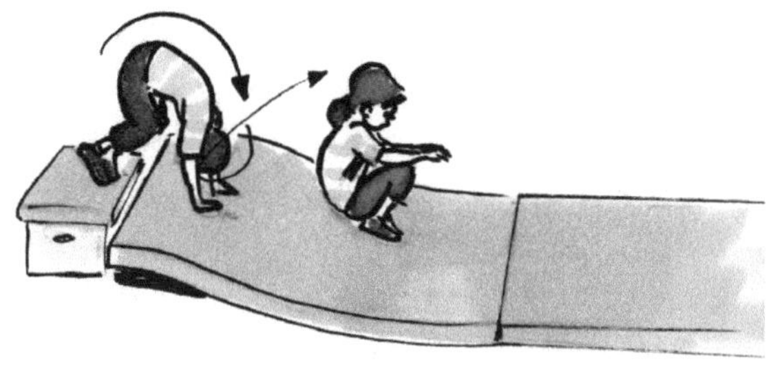	• 1 kleiner Kasten • 2 - 4 Turnmatten • 1 Sprungbrett (liegt unter den Matten) Evtl. alles doppelt aufbauen.
Aus dem Hockstand die Schräge hinabrollen.	
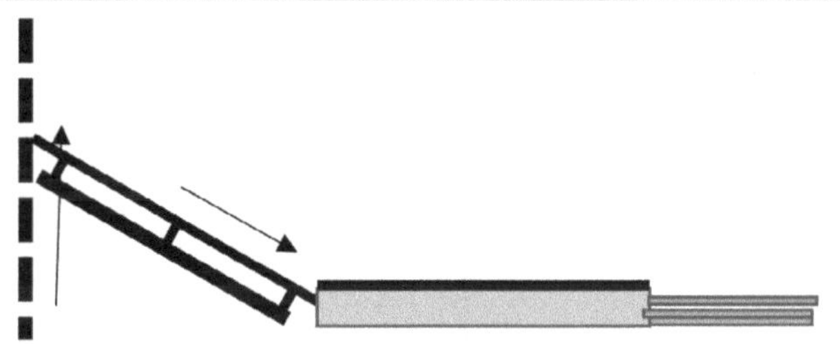	• 1 Sprossenwand • 2 Turnbänke als Rutschbahn • 1 Weichboden • 3 Turnmatten
Sprossenwand hochsteigen: auf der Turnbank runter rutschen und anschließend eine Rolle vorwärts auf dem Weichboden ausführen.	
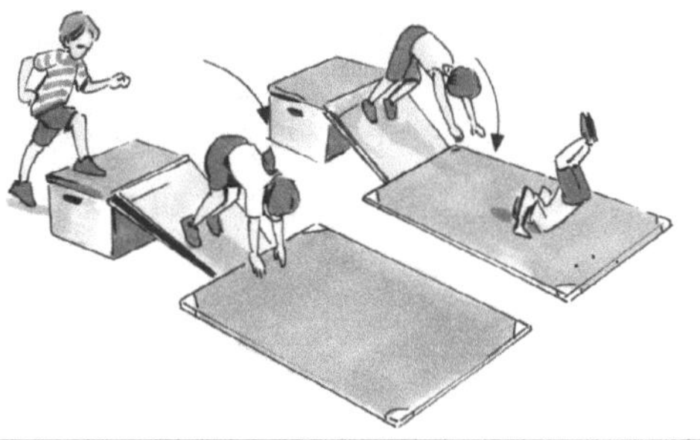	• 2 kleine Kästen • 2 Sprungbretter • 2 - 4 Turnmatten (Matten evtl. doppelt legen)
Aus dem Stand auf der „Schrägen“ abspringen, mit den Händen nach vorn fassen - sich abstützen und Rolle vorwärts.	
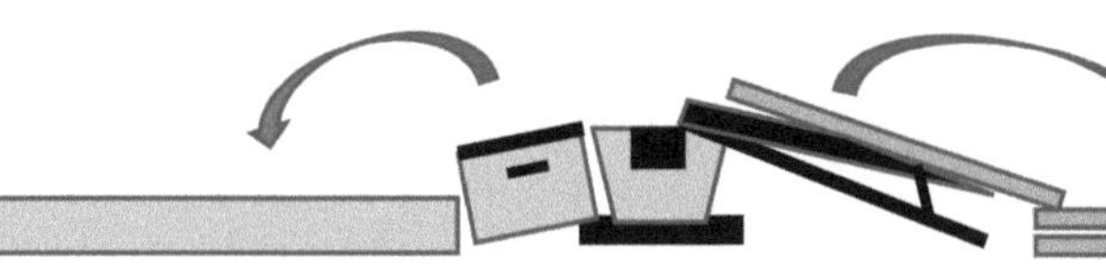	• 1 Turnbank • 1 Sprungbrett • 1 kleiner Kasten 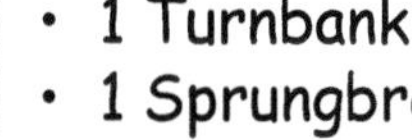 • 1 Weichboden • 4 - 6 Turnmatten
Balancieren über die umgedrehte Bank - Rolle vorwärts links mit Absprung vom schrägen kleinen Kasten und Rolle vorwärts rechts mit Absprung von der schrägen Ebene.	

6.2 Bewegungsschwerpunkt „Wälzen–Rollen“

Baustein	benötigte Geräte
	• 1 Turnbank • 1 Weichboden • 2 - 3 Turnmatten
Anlauf/Angehen über die Bank: Absprung und Rolle vorwärts auf den Weichboden.	
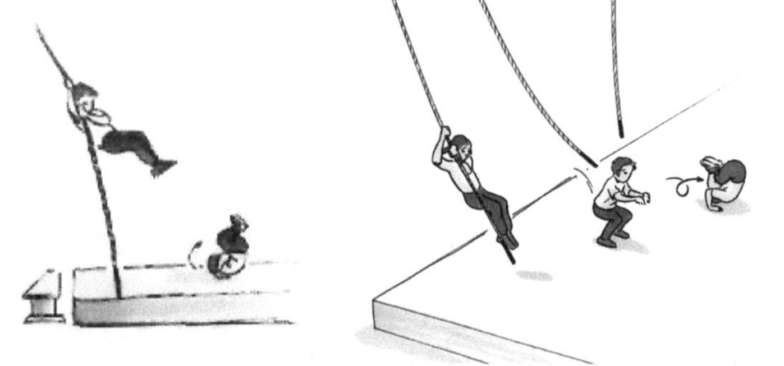	• 1 Turnbank • 1 Tau • 1 Weichboden
Stand auf der Bank, Schwingen am Tau, Niedersprung auf den Weichboden und sofortige Rolle vorwärts.	
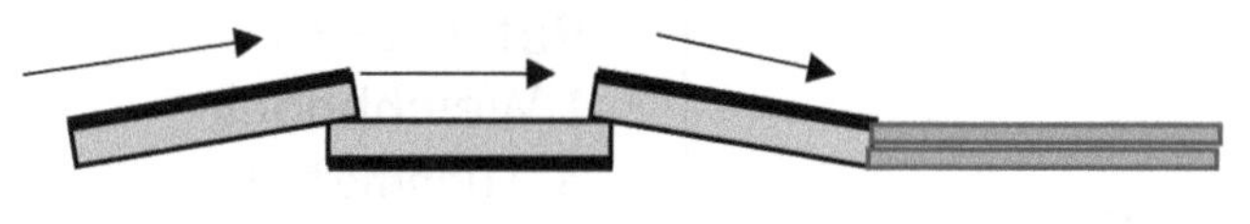	• 1 Kastenunterteil mittig • 2 Kastendeckel • 2 Turnmatten
Balancieren über das in der Mitte stehende Kastenunterteil und Rolle vorwärts von der schrägen Ebene (Kastendeckel) auf die Matten.	
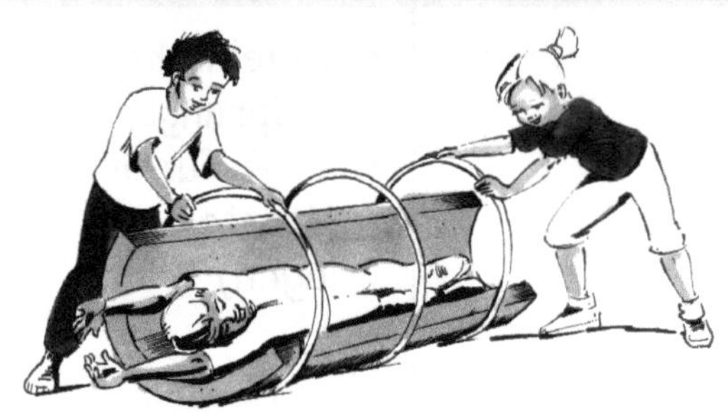	• 3 - 4 Gymnastikreifen (Holz) • 1 Turnmatte (200 cm lang)
Den in Strecklage befindlichen Schüler hin-und-her-wälzen.	
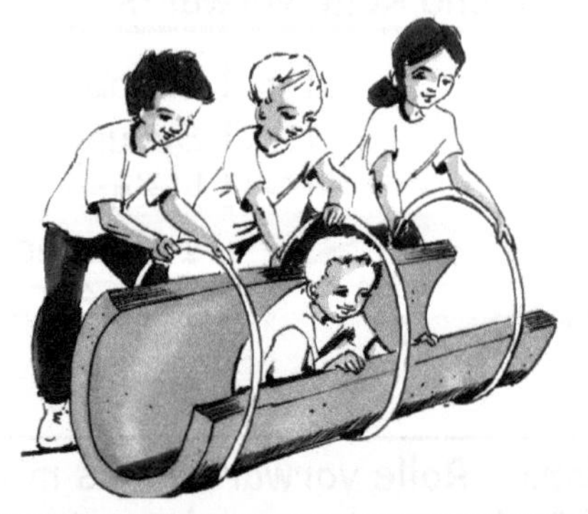	• 3 - 4 Gymnastikreifen (Holz) • 1 Turnmatte (200 cm lang)
Den im Hockstand befindlichen Schüler hin-und-her-rollen.	

6.2 Bewegungsschwerpunkt „Wälzen–Rollen“

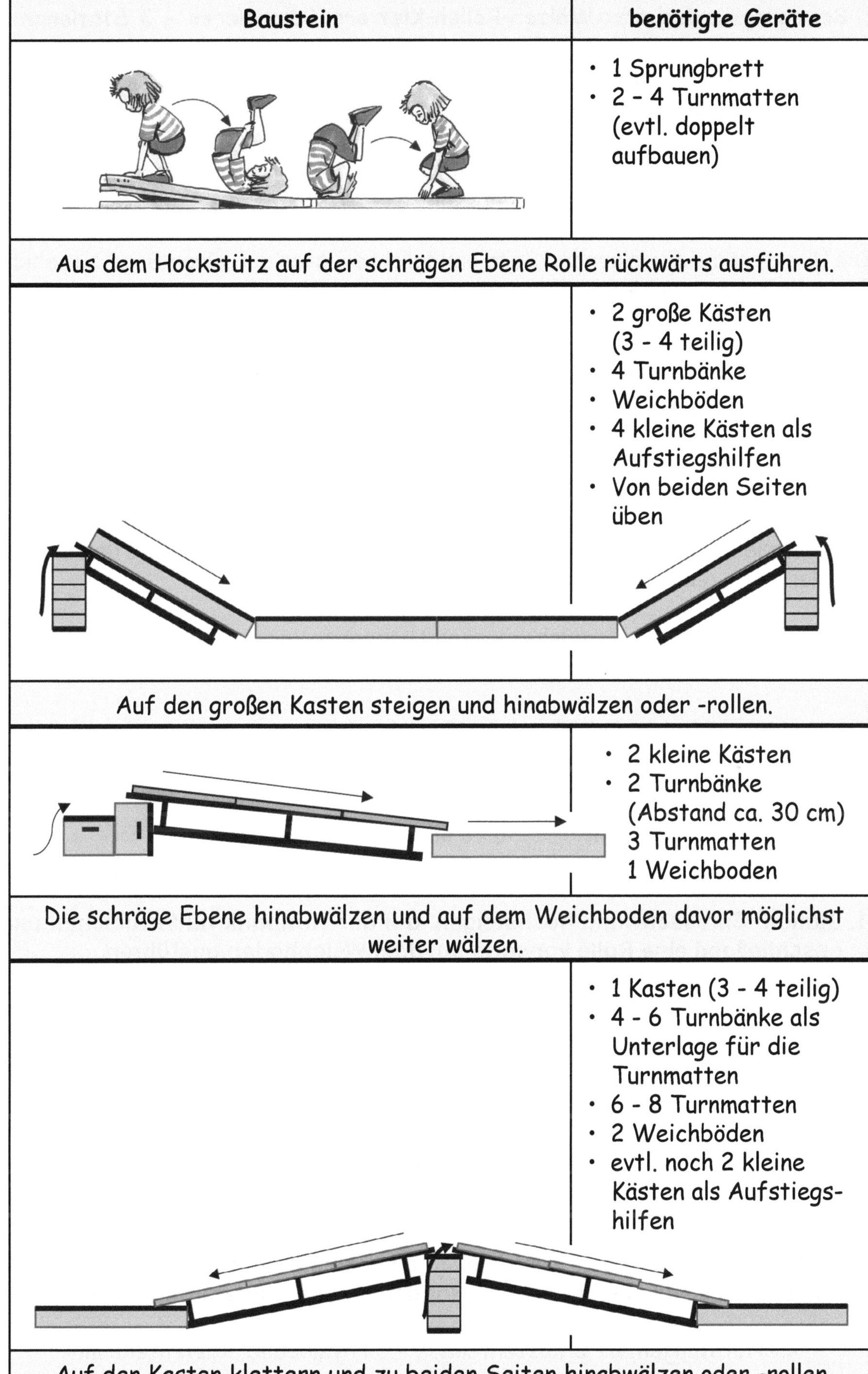

Baustein	benötigte Geräte
	• 1 Sprungbrett • 2 - 4 Turnmatten (evtl. doppelt aufbauen)
Aus dem Hockstütz auf der schrägen Ebene Rolle rückwärts ausführen.	
	• 2 große Kästen (3 - 4 teilig) • 4 Turnbänke • Weichböden • 4 kleine Kästen als Aufstiegshilfen • Von beiden Seiten üben
Auf den großen Kasten steigen und hinabwälzen oder -rollen.	
	• 2 kleine Kästen • 2 Turnbänke (Abstand ca. 30 cm) 3 Turnmatten 1 Weichboden
Die schräge Ebene hinabwälzen und auf dem Weichboden davor möglichst weiter wälzen.	
	• 1 Kasten (3 - 4 teilig) • 4 - 6 Turnbänke als Unterlage für die Turnmatten • 6 - 8 Turnmatten • 2 Weichböden • evtl. noch 2 kleine Kästen als Aufstiegs-hilfen
Auf den Kasten klettern und zu beiden Seiten hinabwälzen oder -rollen.	

BEWEGUNGSLANDSCHAFTEN
Abenteuerturnen organisieren – ermöglichen – Bestell-Nr. 12 266
KOHL VERLAG

Bewegungslandschaft: Wälzen-Rollen-Klettern-Balancieren - 3 Stationen

Eine ganz normale Sportstunde – 45 Minuten

Da die Kletterstangen und die Sprossenwand fest installiert sind, kann nur die 2. Station frei positioniert werden. Es hat sich bewährt, schon vor Beginn der Sportstunde die Stangen und die Sprossenwand abzuziehen und zu arretieren, sodass die Schüler nur die fehlenden Geräte holen müssen.

Die Übersicht auf der folgenden Seite ermöglicht es, alles auf „einen Blick“ zu sehen. Diese Seite kann vom Sportlehrer kopiert werden und dient den Schülern als Aufbauhilfe.

2. Station: Hier wird der Sportlehrer den Standort des großen Kasten markieren, damit die Schüler die anderen Geräte entsprechend transportieren und anordnen können.

Aufgrund der geringeren Anzahl an Stationen sind auch mehr Schüler an jeder Station zum Üben. Es ist deshalb von Vorteil, wenn die Bewegungsaufgaben wie bei diesem Beispiel in der Fortbewegung nach vorn ausgeführt werden, sodass der nächste Schüler schon recht schnell folgen kann.

Tipp: An der Station 1 kann auch umgekehrt begonnen werden, d. h. über den Weichboden gehen, die Turnbank aufwärts gehen und über die Sprossenwand absteigen.

Zur Verfügung stehende Zeit: ca. 40 Minuten

- **Je Station: 6 - 8 Schüler**
- **Auf- und Abbau: 10 - 15 Minuten**
- **Übungszeit pro Station: 6 - 8 Minuten mit Wechselzeit**

---

1. Station: Sprossenwand hochsteigen, auf der Turnbank runterrutschen und anschließend eine Rolle vorwärts auf dem Weichboden ausführen.

1 Sprossenwand - 2 Turnbänke als Rutschbahn - 1 Weichböden - 3 Turnmatten

2. Station: Auf den großen Kasten klettern, auf den kleinen Kasten absteigen und danach über die Böcke klettern mit anschließendem Niedersprung auf den Weichboden.

1 großer Kasten - 1 kleiner Kasten - 2 Böcke - längs oder quergestellt -
1 Weichboden/Turnmatten

3. Station: Über die in den Kastenteilen eingeklemmten Physiobälle vorwärts hüpfen, dabei sich immer mit den Händen an den Kletterstangen festhalten.

Kletterstangen, 2 - 3 Kastenteile, 4 - 6 Physiobälle, Kastenteile mit Sprungseilen zusammenbinden.

3 Stationen: Wälzen-Rollen-Klettern-Balancieren

1. Station

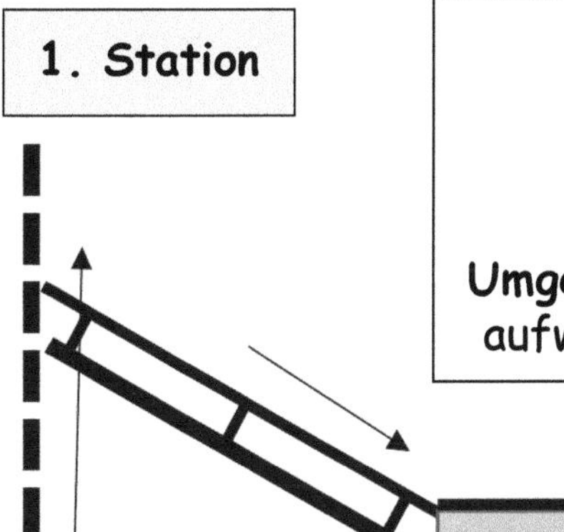

Sprossenwand hochsteigen und auf der Turnbank runterrutschen.
Anschließend eine Rolle vorwärts auf dem Weichboden ausführen.

Umgekehrt: über den Weichboden gehen, die Turnbank aufwärts gehen und über die Sprossenwand absteigen.

1 Sprossenwand, 2 Turnbänke als Rutschbahn, 1 Weichböden, 3 Turnmatten

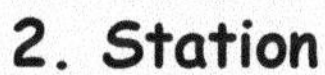

2. Station

Auf den großen Kasten klettern, absteigen auf den kleinen Kasten und danach über die Böcke klettern mit Niedersprung auf den Weichboden.

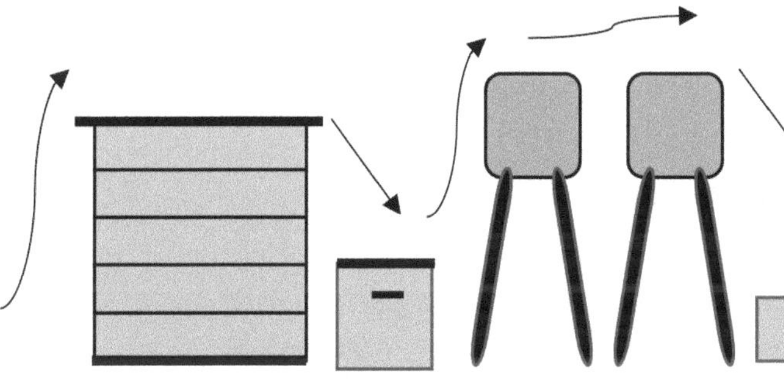

1 großer Kasten, 1 kleiner Kasten, 2 Böcke – längs oder quergestellt, 1 Weichboden

3. Station

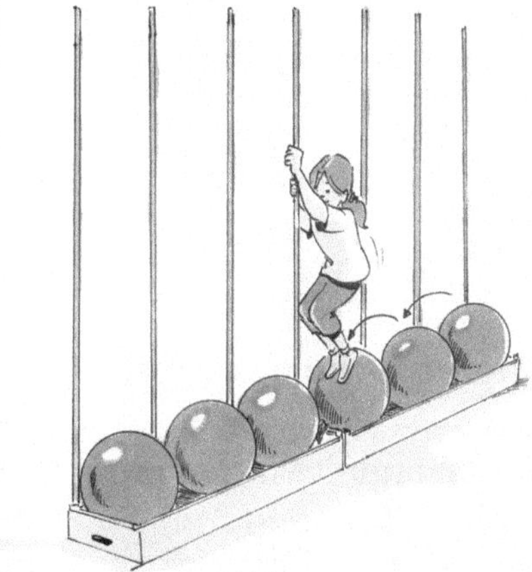

Über die in den Kastenteilen eingeklemmten Physiobälle vorwärts gehen/hüpfen, sich immer mit den Händen an den Kletterstangen festhalten.

Kletterstangen, 2 - 3 Kastenteile, 4 - 6 Physiobälle, Kastenteile mit Sprungseilen zusammenbinden.

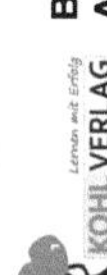

KOHL VERLAG
BEWEGUNGSLANDSCHAFTEN
Abenteuerturnen organisieren – ermöglichen – Bestell-Nr. 12 266

Bewegungslandschaft: Wälzen-Rollen-Schwingen-Klettern-Stützen, 4 Stationen

Doppelstunde – 90 Minuten

Der Aufbau der hier ausgewählten Gerätekombinationen ist umfangreich und muss deshalb sorgfältig geplant werden. Auch hier gilt, möglichst die Schüler am Auf- und Abbau zu beteiligen.

Die Übersicht auf der folgenden Seite kann kopiert und den Schülern in die Hand gegeben werden, dadurch erübrigen sich viele erklärende Hinweise. Es hat sich bewährt, gleich zu Beginn der Stunde vier Gruppen zu bilden, die jeweils eine Station auf- und später auch wieder abbauen.

Unter Berücksichtigung der fest installierten Geräte Taue und Reck können die Stationen 2 und 3 frei positioniert werden.

Der Sportlehrer wird an der Station 3 und 4 unterstützend helfen und insbesondere die Auflage der Turnbänke unter dem Weichboden kontrollieren. Ebenso muss die eingehängte Turnbank zwischen Reckstange und Kasten überprüft werden.

Tipp: Da alle Bewegungsaufgaben „nach vorn“ in der Fortbewegung ausgeführt werden, kann diese Bewegungslandschaft auch in der Form „Üben im Strom“ organisiert werden.

Zur Verfügung stehende Zeit: ca. 80 Minuten

- **Je Station:** **5 - 6 Schüler**
- **Auf- und Abbau:** **15 - 20 Minuten**
- **Übungszeit pro Station:** **10 - 12 Minuten mit Wechselzeit**

---

1. Station: Stand auf der Bank, Schwingen am Tau und Rolle vorwärts auf dem Weichboden.

1 Turnbank, Taue, 1 Weichboden

2. Station: Seitwärts kleinschrittig über den Barren stützeln.

1 Stützbarren, Turnmatten, 2 kleine Kästen

3. Station: Die Kastentreppe hinaufsteigen und die schräge Ebene herabwälzen.

2 große Kästen abgestuft, 2 Turnbänke unter den Weichböden, 2 Weichböden, Turnmatten

4. Station: die Kastentreppe hinaufsteigen, über die eingehängte Turnbank balancieren und Niedersprung auf die Matten.

1 Reck mittelhoch, 1 Turnbank, 1 drei- oder vierteiliger großer Kasten, 1 kleiner Kasten

6.2 Bewegungsschwerpunkt „Wälzen–Rollen“

4 Stationen: Wälzen-Rollen-Schwingen-Klettern-Stützen

1. Station

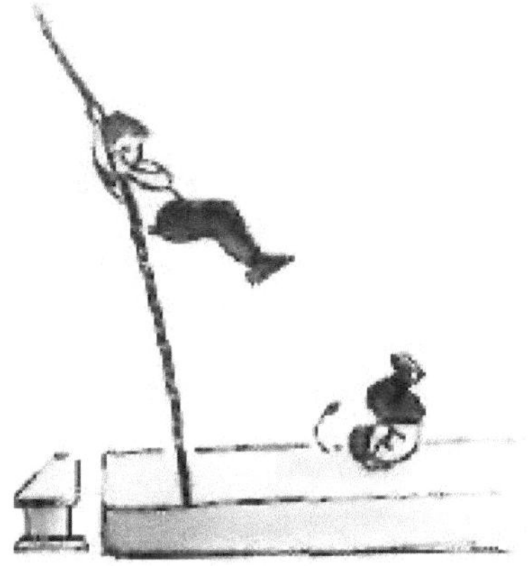

Stand auf der Bank, Schwingen am Tau und Rolle vorwärts auf dem Weichboden.

1 Turnbank, Taue, 1 Weichboden

2. Station

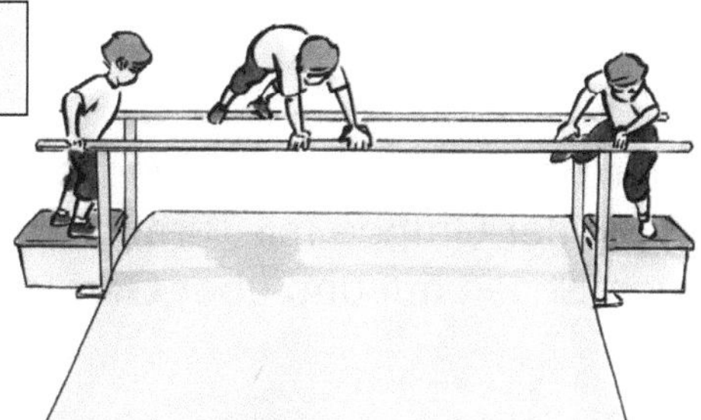

Seitwärts kleinschrittig über den Barren stützeln.

1 Stützbarren, Turnmatten, 2 kleine Kästen

3. Station

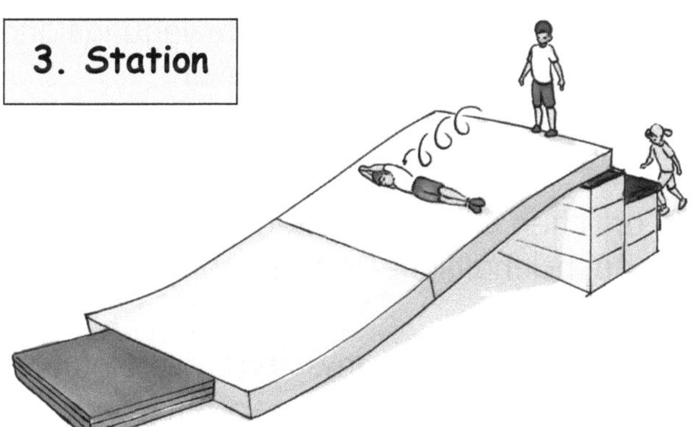

Die Kastentreppe hinaufsteigen und die schräge Ebene herabwälzen. Turnbänke unter dem Weichboden als Unterlage.

2 große Kästen abgestuft, 2 Turnbänke, 2 Weichböden, Turnmatten

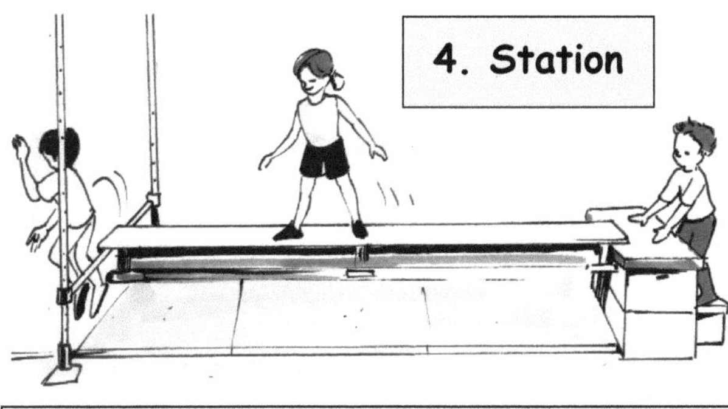

4. Station

Die Kastentreppe hinaufsteigen, über die eingehängte Turnbank balancieren und Niedersprung auf die Matten.

1 Reck mittelhoch, 1 Turnbank, dreiteiliger Kasten, 1 kleiner Kasten, Turnmatten

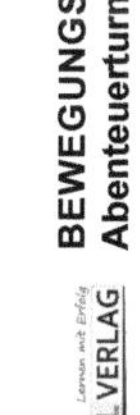

BEWEGUNGSLANDSCHAFTEN
Abenteuerturnen organisieren – ermöglichen – Bestell-Nr. 12 266

6.3 Bewegungsschwerpunkt „Hangeln-Schaukeln-Schwingen“

Schaukel- und Schwungbewegungen sind bei Schülern sehr beliebt, weil sie neue Bewegungserfahrungen vermitteln und eine ganz andere Körperwahrnehmung (losgelöst vom Boden) ermöglichen. Der Sportlehrer muss bei diesen Übungen ganz besonders auf die Sicherheit achten.

Schaukeln und Schwingen werden im allgemeinen Sprachgebrauch oft vermischt. Hier noch einmal eine kurze Deutung der Begriffe.

Beim Hangeln wird der Körper in annähernder Ruhelage fast nur mit den Armen fortbewegt. Die Bewegungsrichtung kann dabei waagerecht, senkrecht oder schräg sein, z. B. hangeln an einem Spielgerät oder am Reck.

Beim Schwingen ist der Aufhängepunkt fest, d. h. der Körper bewegt sich an einem fest stehenden Gerät, z. B. schwingen am Reck oder am Barren.

Beim Schaukeln ist der Aufhängepunkt beweglich, d. h. der Körper bewegt sich als Ganzes zusammen mit dem Gerät, z. B. schaukeln an Tauen oder Ringen.

Übungsschwerpunkte:
- hangeln an Reckstangen, Tauen/Seilen, Holmen in unterschiedlichen Körperlagen;
- schaukeln allein an Tauen/Seilen und in der Gruppe mit Turnbänken und -matten;
- schwingen an Reckstangen und Tauen/Seilen auf und über Geräte.

Tipp
- Am Ende des Kapitels folgen zwei Vorschläge für mögliche Bewegungslandschaften, wobei der Schwerpunkt Hangeln-Schaukeln-Schwingen, aber auch Bausteine mit anderen Grundtätigkeiten berücksichtigt werden. Nur so sind Bewegungslandschaften für die Schüler interessant, „erlebnisreich“ und „abenteuerlich“.
- Diese Beispiele dienen dem Sportlehrer als Anregung für die Zusammenstellung weiterer Bewegungslandschaften.
- Der Sportlehrer muss evtl. aufgrund der örtlichen Gegebenheiten modifizieren und unter Beachtung seiner Gruppe/Klasse auch inhaltliche Veränderungen vornehmen.
- Um die Planung und Umsetzung zu erleichtern, wird immer erst ein einfaches – nicht so aufwendiges – Beispiel aufgezeigt, das auch in einer ganz normalen Sportstunde von 45 Minuten umsetzbar ist.
- Es folgt ein zweites Beispiel mit mehr Geräten/Stationen mit einem aufwendigerem Aufbau, das für eine Doppelstunde gedacht ist und evtl. den ganzen Schulvormittag stehen bleiben kann.

Siehe hierzu auch Kapitel 5: Bewegungslandschaften konkret: Einzelstunde und Doppelstunde

BEWEGUNGSLANDSCHAFTEN
Abenteuerturnen organisieren – ermöglichen – Bestell-Nr. 12 266
KOHL VERLAG

6.3 Bewegungsschwerpunkt „Hangeln-Schaukeln-Schwingen“

<table>
<tr><th>Baustein</th><th>benötigte Geräte</th></tr>
<tr><td>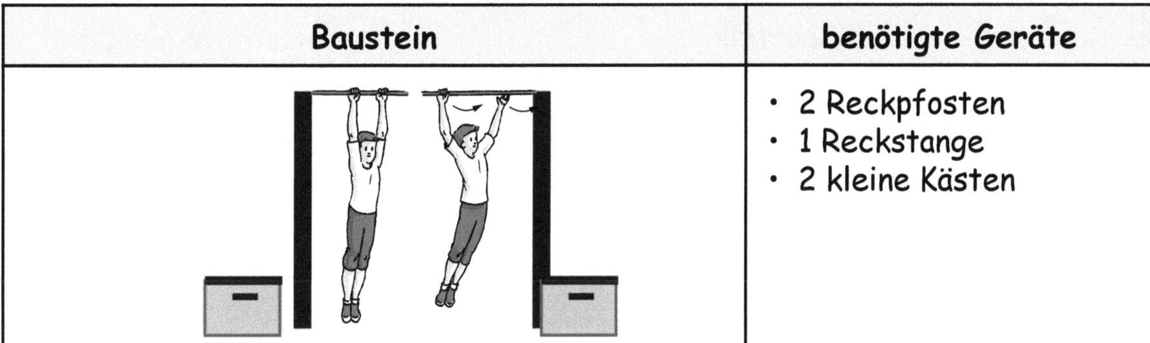</td><td>• 2 Reckpfosten
• 1 Reckstange
• 2 kleine Kästen</td></tr>
<tr><td colspan="2">Von Kasten zu Kasten hangeln, evtl. die Kästen auch innen aufstellen.</td></tr>
<tr><td>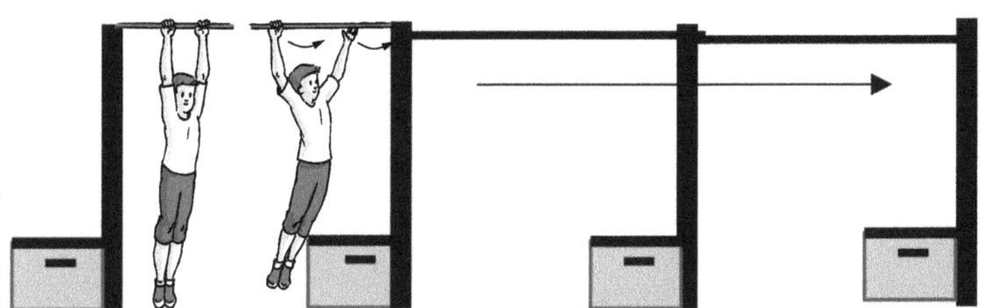</td><td>• 4 Reckpfosten
• 3 Reckstangen
• 4 kleine Kästen</td></tr>
<tr><td colspan="2">Von Kasten zu Kasten hangeln, auch mit gegrätschten und angehockten Beinen - evtl. zwischendurch auf kleinerem Kasten pausieren.</td></tr>
<tr><td>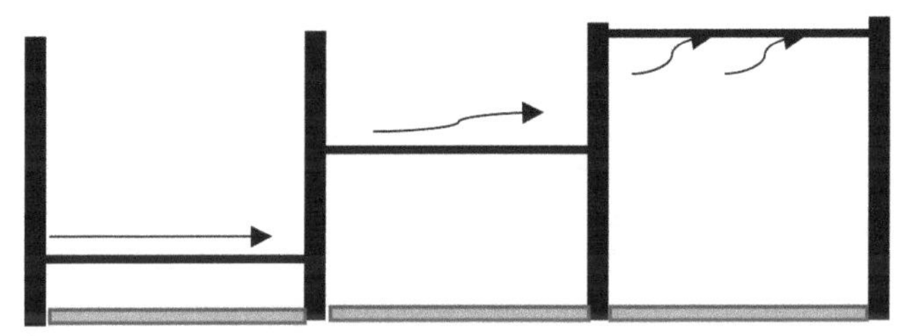</td><td>• 4 Reckpfosten
• 3 Reckstangen
• Turnmatten</td></tr>
<tr><td colspan="2">Über die erste Stange balancieren, an der zweiten Stange stützen-hangeln, an der dritten Stange hangeln.</td></tr>
<tr><td>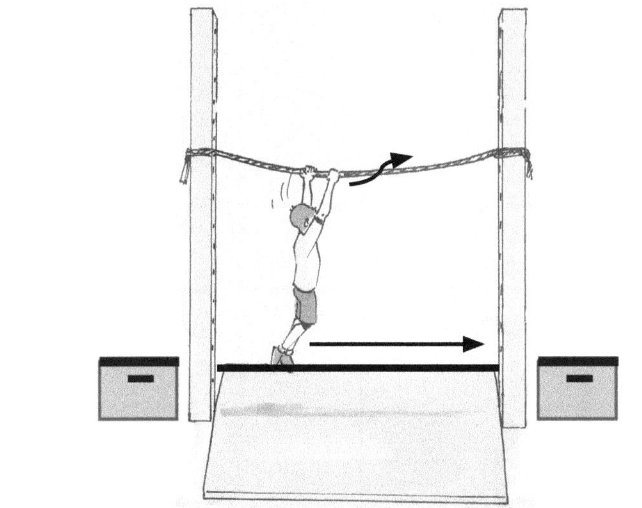</td><td>• 2 Reckpfosten
• 1 Reckstange
• 1 Tau (dickes Seil), wird mit Seilen rechts und links am Reckpfosten fixiert
• 2 kleine Kästen
• Turnmatten</td></tr>
<tr><td colspan="2">Vom kleinen Kasten auf die Reckstange steigen und mit den Händen das Tau über Kopf greifen und zur anderen Seite hangeln.</td></tr>
</table>

BEWEGUNGSLANDSCHAFTEN
Abenteuerturnen organisieren – ermöglichen – Bestell-Nr. 12 266

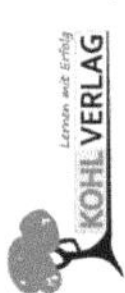

Baustein	benötigte Geräte
	• 1 Stützbarren • 1 Weichboden/ Turnmatten
Sich mit den Knien am anderen Holm einhängen und mit gebeugten/gestreckten Armen zur anderen Seite hangeln.	
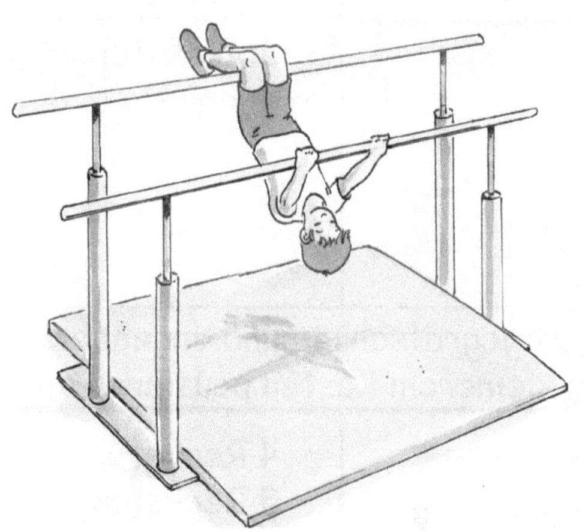	• 1 Stufenbarren • 1 Weichboden/ Turnmatten
Sich mit den Knien am oberen Holm einhängen und kleinschrittig zur anderen Seite hangeln.	
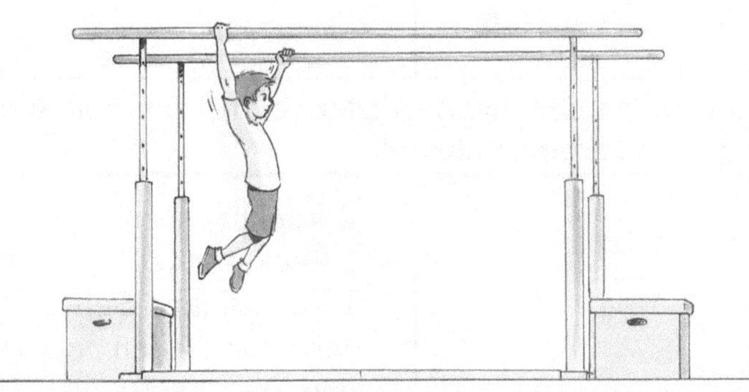	• 1 Hochbarren (Holme 1,80 m hoch) • 2 kleine Kästen
Rechts und links die Holme (1,80 m hoch) greifen und zur anderen Seite hangeln.	
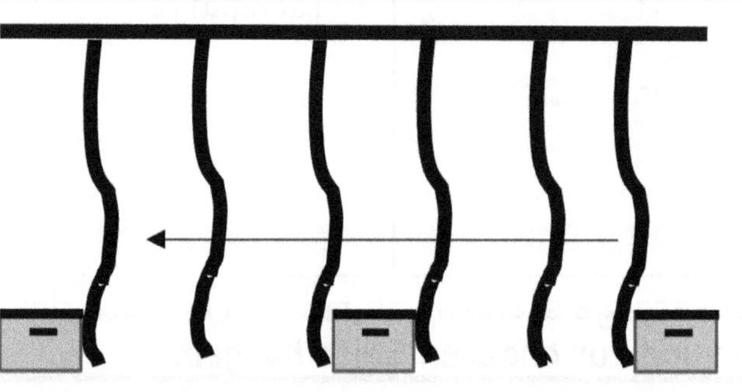	• 4 - 6 Taue • 3 kleine Kästen
Stand auf dem ersten kleinen Kasten: das erste Tau greifen und danach von Tau zu Tau hangeln. Evtl. mit Pause auf dem kleinen Kasten in der Mitte.	

BEWEGUNGSLANDSCHAFTEN
KOHL VERLAG

6.3 Bewegungsschwerpunkt „Hangeln-Schaukeln-Schwingen“

Baustein	benötigte Geräte
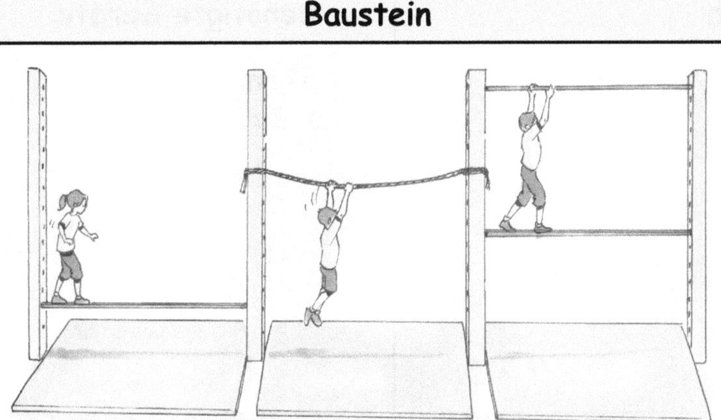	• 4 Reckpfosten • 3 Reckstangen • 1 Tau (dickes Seil), wird zusätzlich mit Seilen rechts und links am Reckpfosten fixiert • Turnmatten
Balancieren über die niedrige Reckstange, von dort mit den Händen das Tau (Seil) greifen und daran entlang hangeln, mit den Füßen auf die mittig angebrachte Reckstange gehen und mit den Händen über Kopf die obere Reckstange greifen und zur anderen Seite hangeln/balancieren.	
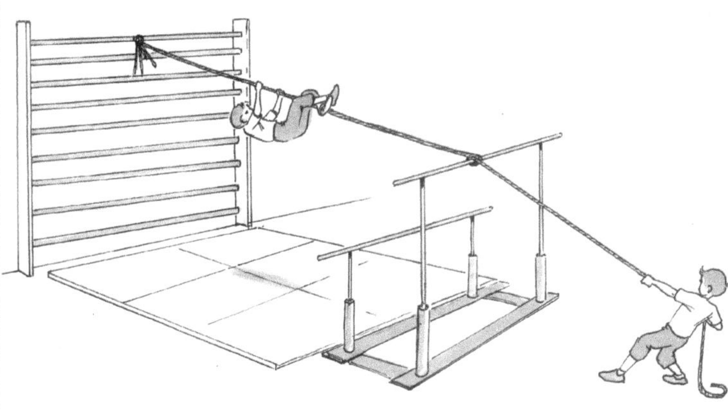	• 1 Sprossenwand • 1 bis 2 Weichböden • 1 Stufenbarren • 1 dickeres Seil (Tau), wird mit Seilen am Pfosten der Sprossenwand fixiert, um den oberen Holm geführt und am Ende von mehreren Schülern auf Spannung gehalten.
An der Sprossenwand hochsteigen und mit den Händen das Seil greifen, sich mit den Knien einhängen und kleinschrittig vorwärts hangeln.	
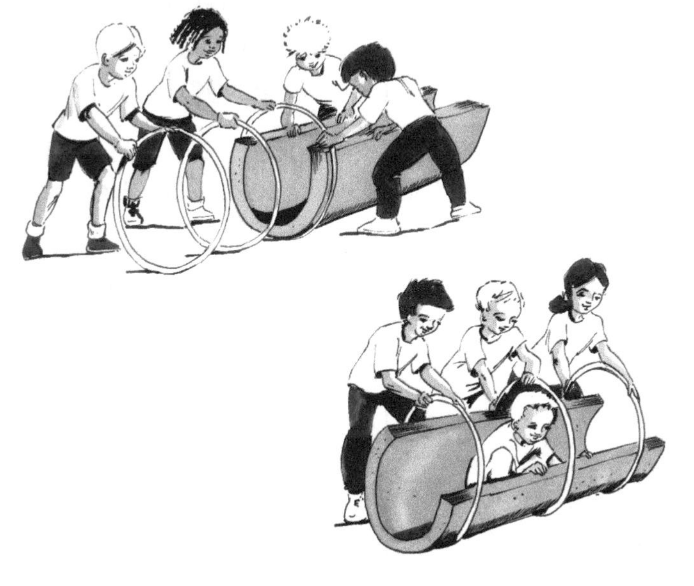	• 3 - 4 Gymnastikreifen aus Holz • 1 Turnmatte ca. 2 m lang
Gemeinsam den in der „Rolle“ sitzenden Schüler hin und her schaukeln.	

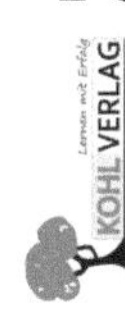

6.3 Bewegungsschwerpunkt „Hangeln-Schaukeln-Schwingen“

Baustein	benötigte Geräte
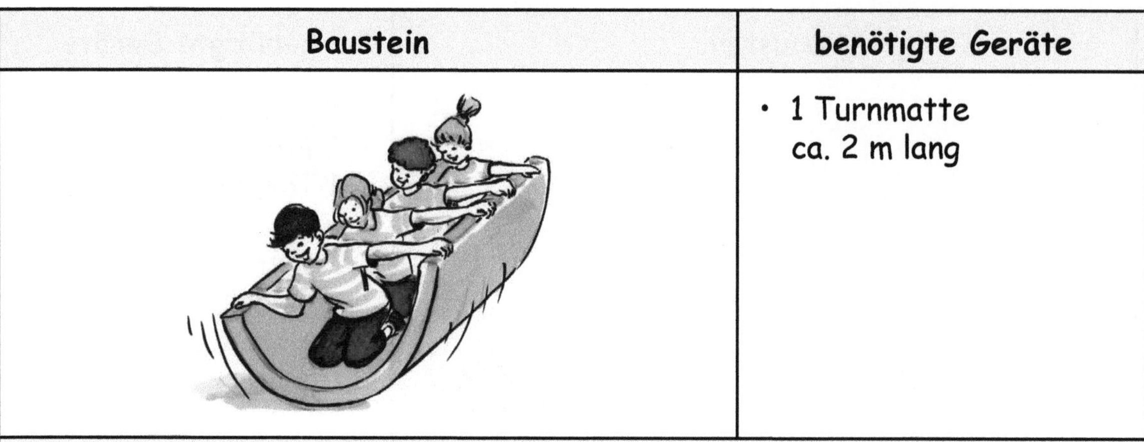	• 1 Turnmatte ca. 2 m lang
Die Turnmatte an den Seiten hochziehen - gemeinsam hin und her schaukeln.	
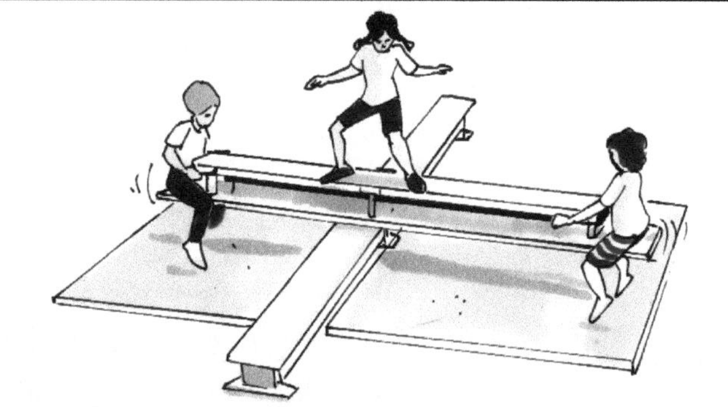	• 2 Turnbänke • Turnmatten
Der in der Mitte stehende Schüler bringt die Bank durch Gewichtsverlagerung zum Wippen.	
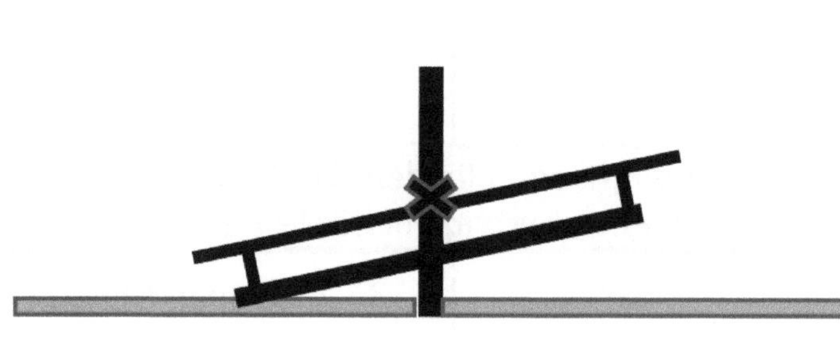	• Reck, ca. 30 - 50 cm hoch • Reckstange befindet sich unter der Sitzfläche der Bank • Bank wird mit Seilen zusätzlich fixiert • Turnmatten als Unterlage
An jeder Seite sitzt ein Schüler auf der Bank - „Wippe“ - hin und her schaukeln. Möglich ist auch ein Gehen über die Bank - schaukelt bei Belastung nach vorn-unten.	
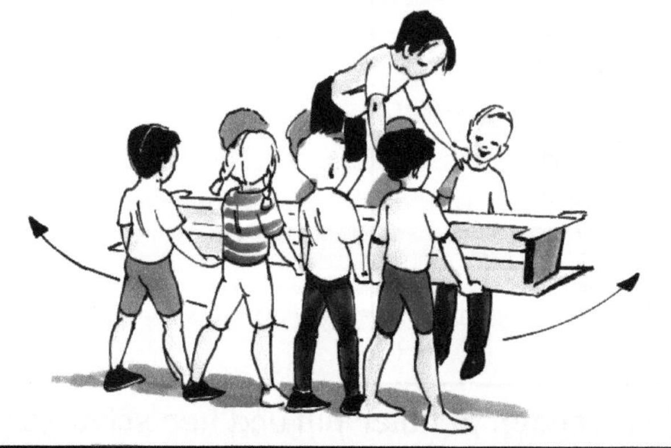	• 1 Turnbank umgedreht • an jeder Seite stehen 4 - 6 Schüler • 1 Schüler steht in Schrittstellung auf der Bank
Die seitlich stehenden Schüler bewegen die Turnbank gleichmäßig hin und her.	

6.3 Bewegungsschwerpunkt „Hangeln-Schaukeln-Schwingen“

<table>
<tr><th>Baustein</th><th>benötigte Geräte</th></tr>
<tr><td>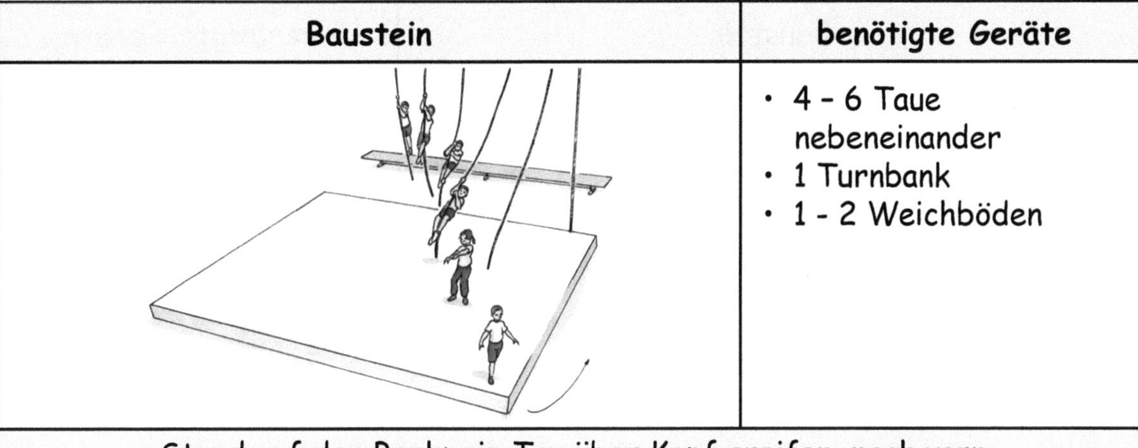</td><td>• 4 - 6 Taue nebeneinander
• 1 Turnbank
• 1 - 2 Weichböden</td></tr>
<tr><td colspan="2">Stand auf der Bank: ein Tau über Kopf greifen, nach vorn schaukeln/schwingen und auf dem Weichboden abspringen.</td></tr>
<tr><td>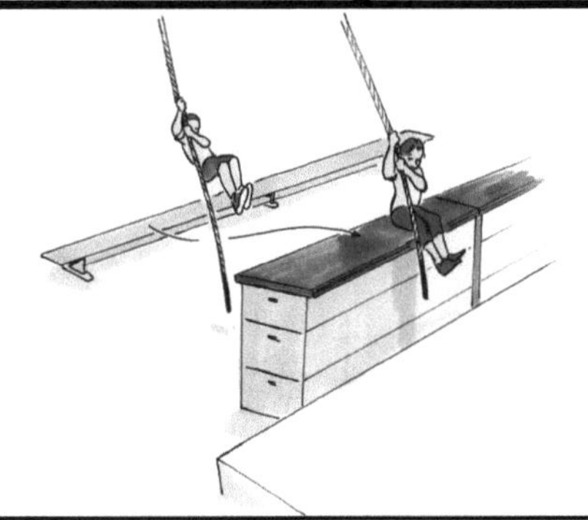</td><td>• 1 Turnbank
• 4 - 6 Taue
• 2 - 3 drei-/vierteilige große Kästen nebeneinander
• 1 - 2 Weichböden</td></tr>
<tr><td colspan="2">Stand auf der Bank: ein Tau über Kopf greifen, nach vorn schaukeln/schwingen und versuchen, in den Sitz auf den Kasten zu kommen.</td></tr>
<tr><td>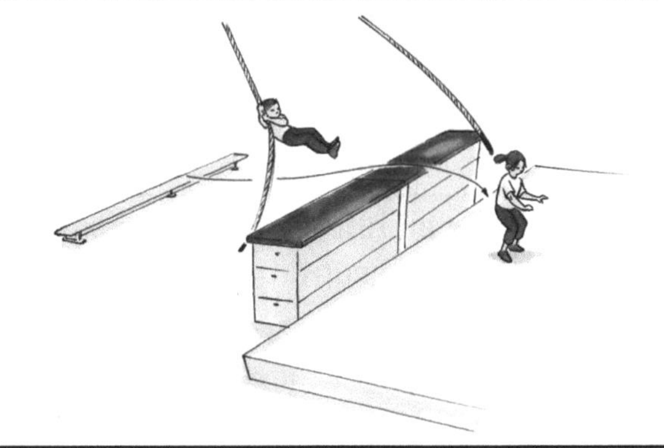</td><td>• 1 Turnbank
• 4 - 6 Taue
• 2 - 3 dreiteilige große Kästen nebeneinander
• 1 - 2 Weichböden</td></tr>
<tr><td colspan="2">Stand auf der Bank: ein Tau über Kopf greifen, kräftig nach vorn schaukeln/schwingen um den Kasten zu überwinden und auf dem Weichboden zu landen.</td></tr>
<tr><td>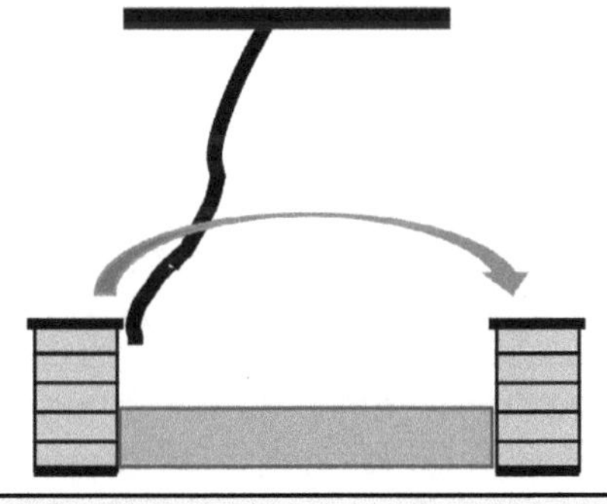</td><td>• 4 - 6 Taue
• 2 große Kästen (drei- oder vierteilig)
• 1 Weichboden</td></tr>
<tr><td colspan="2">Stand auf dem Kasten: ein Tau über Kopf greifen, kräftig nach vorn schaukeln/schwingen und möglichst auf dem anderen Kasten landen, ohne runterzufallen. Den Griff am Tau immer beibehalten.</td></tr>
</table>

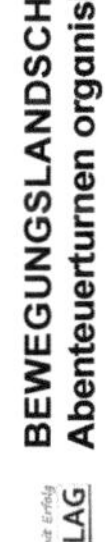

6.3 Bewegungsschwerpunkt „Hangeln-Schaukeln-Schwingen“

Baustein	benötigte Geräte
	• 1 Turnbank • 4 - 6 Taue • 1 - 2 Weichböden
Stand auf der Bank: mit jeder Hand ein Tau reichhoch greifen, kräftig nach vorn schaukeln/schwingen und auf dem Weichboden landen.	
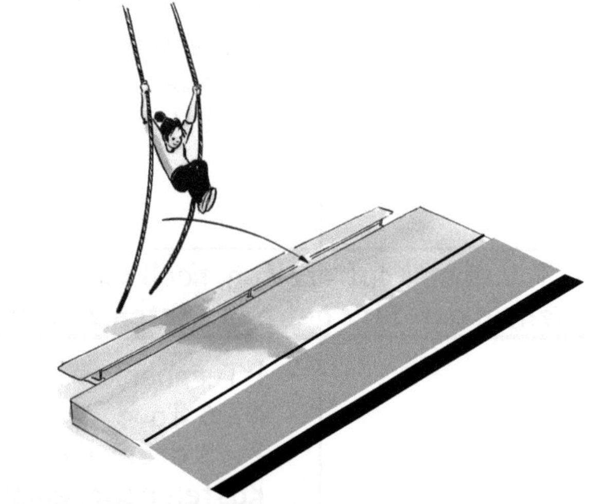	• 1 Turnbank • 4 - 6 Taue • 1 - 2 Weichböden • Turnmatten • Graben durch Kreidestriche markieren
Stand auf der Bank: mit jeder Hand ein Tau reichhoch greifen, kräftig nach vorn schaukeln/schwingen und über einen Mattengraben schaukeln/schwingen und auf den Matten landen.	
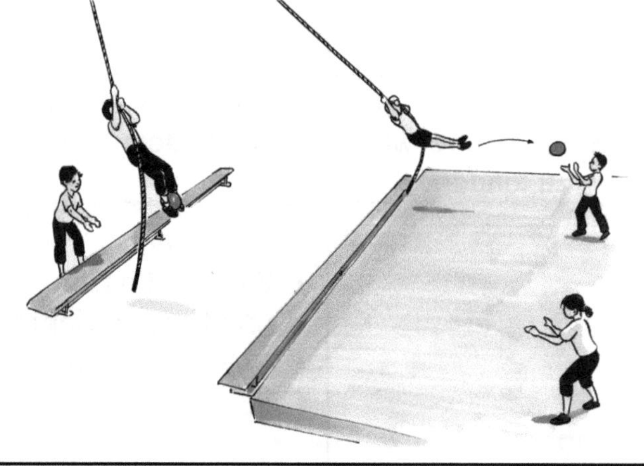	• 2 Turnbänke • 4 - 6 Taue • 1 - 2 Weichböden • 2 - 4 Gymnastikbälle Für besonders leistungsstarke Schüler:
Einen Gymnastikball mit den Füßen aufnehmen (evtl. vom Partner anreichen), ein Tau über Kopf greifen und wie gewohnt nach vorn schaukeln/schwingen. Am Ende des Vorschwungs über der zweiten Turnbank den Ball zum Partner werfen und abspringen.	

KOHL VERLAG
BEWEGUNGSLANDSCHAFTEN
Abenteuerturnen organisieren – ermöglichen – Bestell-Nr. 12 266

6.3 Bewegungsschwerpunkt „Hangeln-Schaukeln-Schwingen“

Baustein	benötigte Geräte
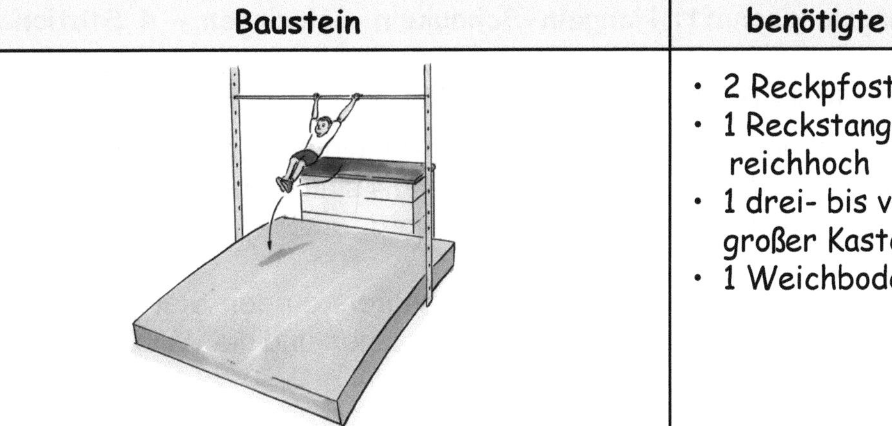	• 2 Reckpfosten • 1 Reckstange reichhoch • 1 drei- bis vierteiliger großer Kasten • 1 Weichboden
Aus dem Stand vom dreiteiligen großen Kasten abspringen. Mit fast gestreckten Armen die Reckstange greifen, vorschwingen und auf dem Weichboden abspringen.	
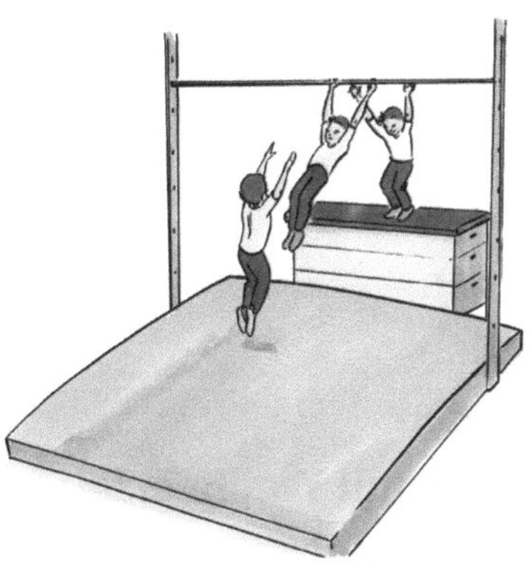	2 Reckpfosten • 1 Reckstange reichhoch • 1 drei- bis vierteiliger großer Kasten • 1 Weichboden
Aus dem Stand vom dreiteiligen großen Kasten abspringen. Mit fast gestreckten Armen die Reckstange greifen, vorschwingen und eine halbe Drehung am Ende des Vorschwungs ausführen.	
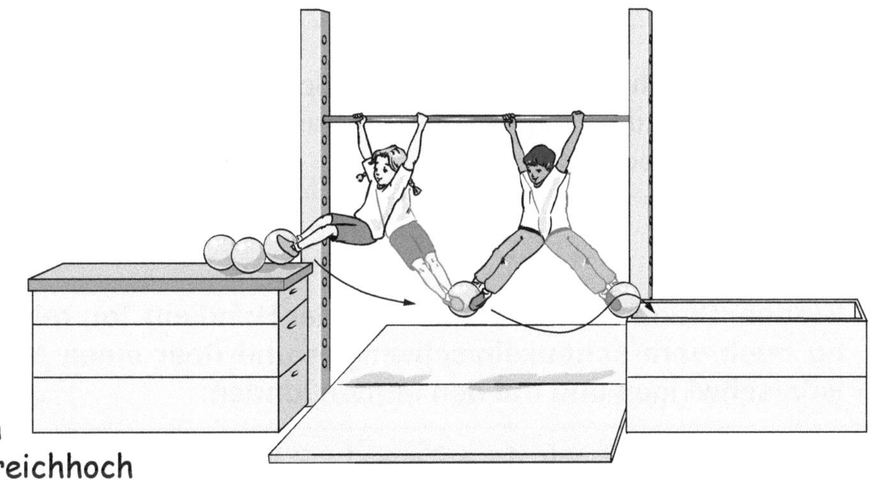 • 2 Reckpfosten • 1 Reckstange reichhoch • 1 dreiteiliger großer Kasten • 1 dreiteiliger offener großer Kasten • mehrere Gymnastikbälle • die Kästen stehen etwas vor den Reckpfosten	
Mit Seitschwung einen Ball mit den Füßen aufnehmen und mit den Füßen in den offenen großen Kasten werfen.	

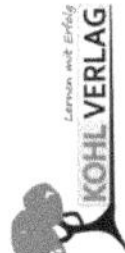
KOHL VERLAG
BEWEGUNGSLANDSCHAFTEN
Abenteuerturnen organisieren – ermöglichen – Bestell-Nr. 12 266

Bewegungslandschaft: Hangeln-Schaukeln-Schwingen - 4 Stationen

Eine ganz normale Sportstunde – 45 Minuten

Bei einer entsprechenden Auswahl von Gerätekombinationen sind auch 4 Stationen in einer Sportstunde möglich. Die Stationen 2 und 4 sind ganz schnell aufgebaut. Der Sportlehrer muss lediglich die Standorte benennen.

Der Stützbarren wird unter Aufsicht des Sportlehrers an den Stellplatz geschoben. Bei der Station 4 müssen nur die Taue herausgezogen und die Weichböden entsprechend ausgelegt werden.

Da nur die Taue fest installiert sind, können die anderen Stellplätze frei gewählt werden, was die Planung erleichtert. Die Anordnung bzw. Reihenfolge der Stationen kann den jeweiligen Gegebenheiten vor Ort angepasst werden.

Die Übersicht auf der folgenden Seite ermöglicht es, alles auf „einen Blick“ zu sehen. Diese Seite kann vom Sportlehrer kopiert werden und dient den Schülern als Aufbauhilfe.

Zur Verfügung stehende Zeit: ca. 40 Minuten

- **Je Station:** **4 - 6 Schüler**
- **Auf- und Abbau:** **8 - 12 Minuten**
- **Übungszeit pro Station:** **6 - 8 Minuten mit Wechselzeit**

---

1. Station: Sich mit den Knien am anderen Holm einhängen und mit gebeugten/ gestreckten Armen zur anderen Seite hangeln.

1 Stützbarren, 1 Weichboden, Turnmatten, 2 kleine Kästen

2. Station: Der in der Mitte stehende Schüler bringt die Bank durch Gewichtsverlagerung zum Wippen. Die Turnbank wird umgedreht, der Balken ist oben. Positionen wechseln.

2 Turnbänke, Turnmatten

3. Station: Stand auf der Bank: mit jeder Hand ein Tau reichhoch greifen, kräftig nach vorn schaukeln/schwingen und über einen Mattengraben schaukeln/schwingen und auf den Matten landen.

1 Turnbank, 4 - 6 Taue, 1 - 2 Weichböden, Turnmatten,
Graben mit Kreide markieren.

4. Station: Die Schüler sind im Kniestand oder im Grätschsitz hintereinander. Die Turnmatte an den Seiten hochziehen – gemeinsam hin und her schaukeln.

1 - 3 Turnmatten - je nach Anzahl der Schüler - pro Matte 3 - 5 Schüler.

4 Stationen: Hangeln-Schaukeln-Schwingen

1. Station

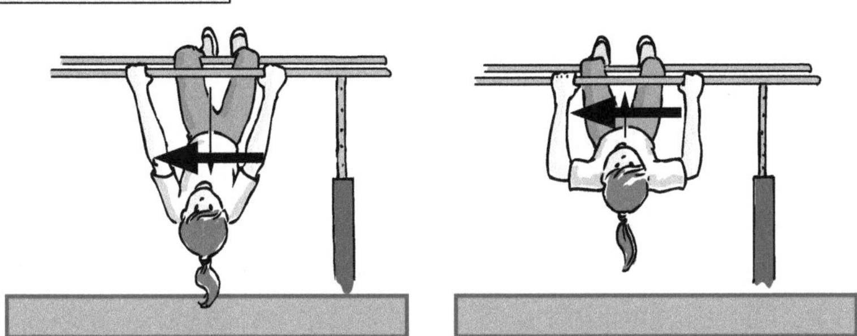

Sich mit den Knien am anderen Holm einhängen und mit gebeugten/ gestreckten Armen zur anderen Seite hangeln.

1 Turnbank, Taue, 1 Weichboden

2. Station

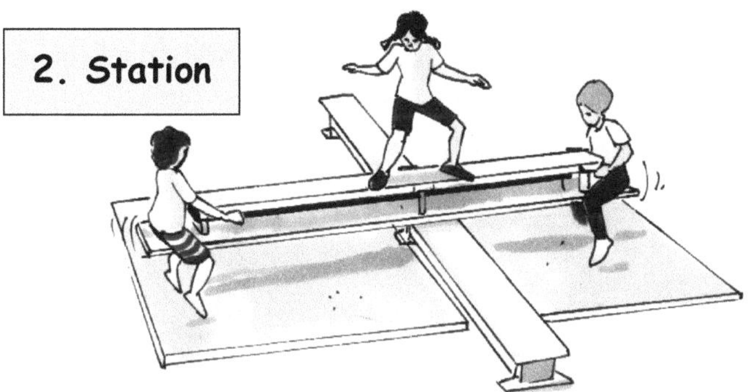

Der in der Mitte stehende Schüler bringt die Bank durch Gewichtsverlagerung zum Wippen. Die Turnbank wird umgedreht, der Balken ist oben.

2 Turnbänke, Turnmatten

3. Station

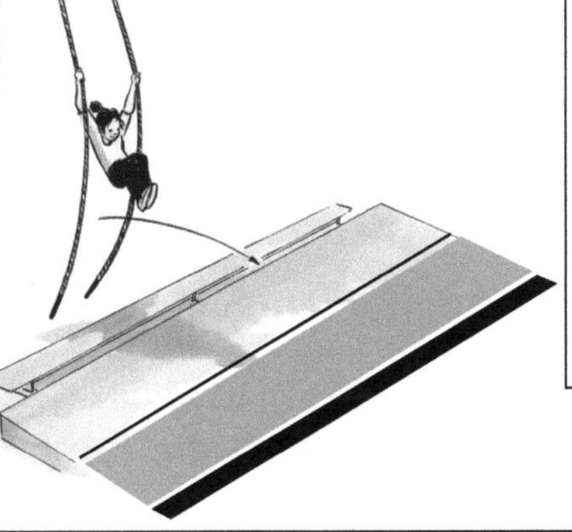

Stand auf der Bank: Mit jeder Hand ein Tau reichhoch greifen, kräftig nach vorn schaukeln/schwingen und über einen Mattengraben schaukeln/schwingen und auf den Matten landen.

1 Turnbank, 4 - 6 Taue, 1 - 2 Weichböden, Turnmatten

4. Station

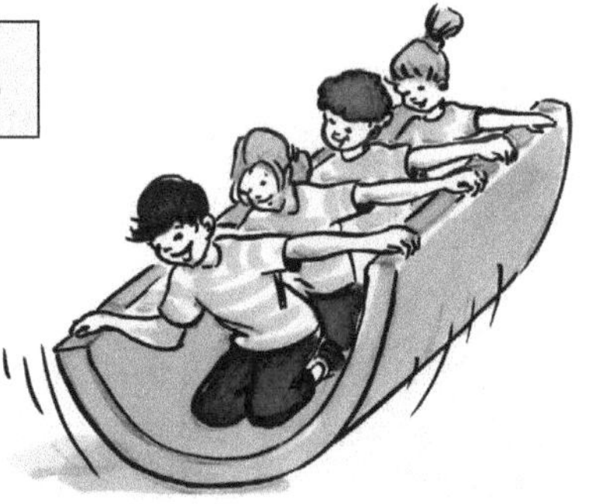

Die Schüler sind im Kniestand oder im Grätschsitz hintereinander. Die Turnmatte an den Seiten hochziehen - gemeinsam hin-und-her-schaukeln.

Turnmatten

KOHL VERLAG BEWEGUNGSLANDSCHAFTEN Abenteuerturnen organisieren – ermöglichen – Bestell-Nr. 12 266

Bewegungslandschaft: Hangeln-Schaukeln-Schwingen - 4 Stationen

Doppelstunde – 90 Minuten

Die hier ausgewählten vier Gerätekombinationen sind besonders abwechslungsreich und belastungsintensiv. Der Aufbau ist teilweise umfangreich und muss deshalb sorgfältig geplant werden.

Die Übersicht auf der folgenden Seite kann kopiert und den Schülern in die Hand gegeben werden, dadurch erübrigen sich manche Hinweise. Die Anordnung der Gerätekombinationen muss entsprechend der örtlichen Gegebenheiten angepasst werden.

Station 1: Der Hochbarren muss nur an seinen Stellplatz gefahren und mit Kästen und Matten ausgestattet werden. Die Einstellung und Arretierung der Holme überprüfen.

Station 2: sollte von einer fachkundigen Schülergruppe aufgebaut werden. Der Sportlehrer bringt das Seil/Tau über Kopfhöhe an und sichert es mit Sprungseilen.

Station 3: Die Turnbank, zwei dreiteilige große Kästen und die Weichböden können von der Schülergruppe ohne Probleme zeitgerecht aufgebaut werden.

Station 4: Die Sprossenwand muss abgezogen und arretiert werden. Zusätzlich holen die Schüler Matten zur Absicherung.

Zur Verfügung stehende Zeit: ca. 80 Minuten

- **Je Station:** **4 - 6 Schüler**
- **Auf- und Abbau:** **15 - 20 Minuten**
- **Übungszeit pro Station:** **ca. 12 - 15 Minuten mit Wechselzeit**

---

1. Station: Rechts und links die Holme (1,80 m hoch) greifen und zur anderen Seite hangeln. Evtl. die Beine dabei etwas in den Knien beugen.

1 Hochbarren, 2 kleine Kästen, Turnmatten

2. Station: Vom kleinen Kasten auf die Reckstange steigen und mit den Händen das Tau über Kopf greifen und zur anderen Seite hangeln/balancieren.

2 Reckpfosten, 1 Reckstange, 1 Tau (dickes Seil), wird mit Seilen rechts und links am Reckpfosten fixiert, 2 kleine Kästen, Turnmatten

3. Station: Stand auf der Bank: ein Tau über Kopf greifen, kräftig nach vorn schaukeln/schwingen, um den Kasten zu überwinden und auf dem Weichboden zu landen.

1 Turnbank, 4 - 6 Taue, 2 dreiteilige große Kästen nebeneinander, 1 - 2 Weichböden

4. Station: An der Gitterleiter diagonal von unten nach oben klettern, die Seite wechseln und danach diagonal nach unten klettern. Evtl. zunächst mit zwei oder drei Feldern beginnen und dann steigern.

1 Gitterleiter , Weichboden und Turnmatten. Die Gitterleiter vorn und hinten mit Matten absichern.

4 Stationen: Hangeln-Schaukeln-Schwingen

1. Station

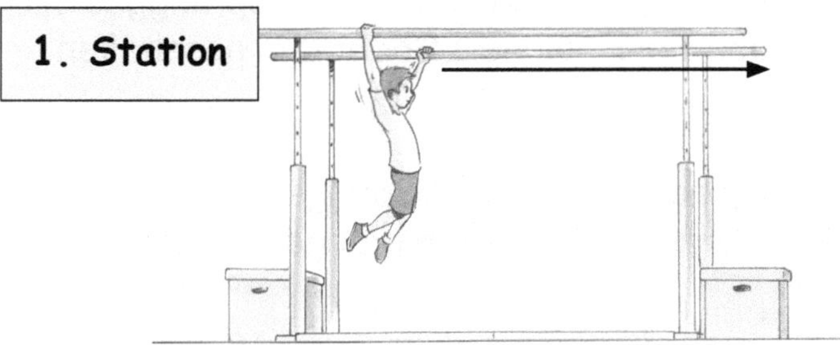

Rechts und links die Holme (1,80 m hoch) greifen und zur anderen Seite hangeln.
Evtl. die Beine dabei etwas in den Knien beugen.

1 Hochbarren, 2 kleine Kästen, Turnmatten

2. Station

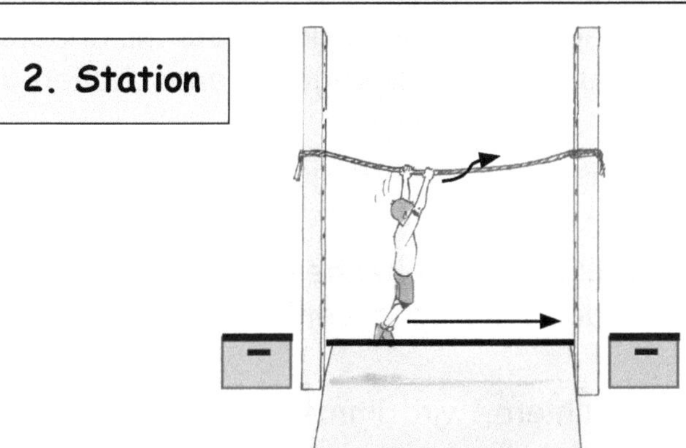

Vom kleinen Kasten auf die Reckstange steigen und mit den Händen das Tau über Kopf greifen und zur anderen Seite hangeln.

2 Reckpfosten, 1 Reckstange, 1 Tau (dickes Seil), wird mit Seilen rechts und links am Reckpfosten fixiert, 2 kleine Kästen, Turnmatten

3. Station

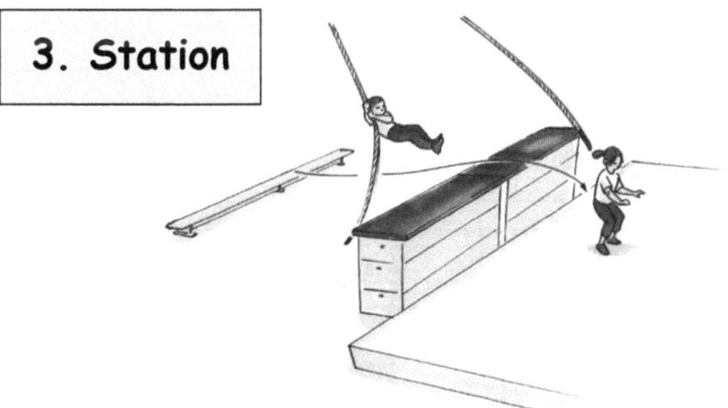

Stand auf der Bank: ein Tau über Kopf greifen, kräftig nach vorn schaukeln/schwingen, um den Kasten zu überwinden und auf dem Weichboden zu landen.

1 Turnbank, 4 - 6 Taue, 2 dreiteilige große Kästen nebeneinander, 1 - 2 Weichböden

4. Station

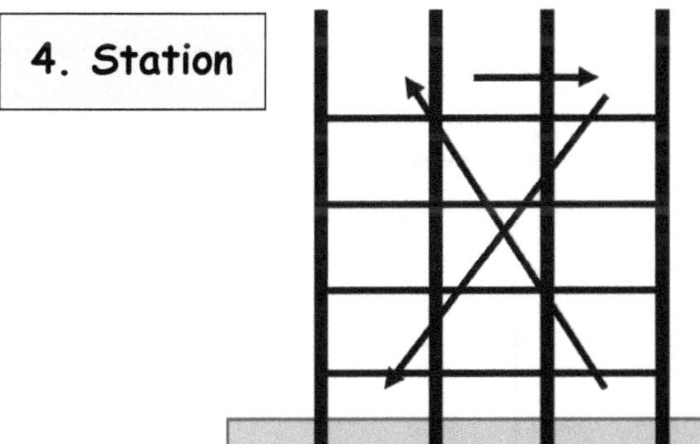

Diagonal von unten nach oben klettern, die Seite wechseln und danach diagonal nach unten klettern.
Evtl. zunächst mit zwei oder drei Feldern beginnen und dann steigern.

1 Gitterleiter, Weichboden und Turnmatten. Die Gitterleiter vorn und hinten mit Matten absichern.

BEWEGUNGSLANDSCHAFTEN Abenteuerturnen organisieren – ermöglichen – Bestell-Nr. 12 266

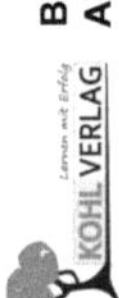

6.4 Bewegungsschwerpunkt „Hüpfen-Springen“

Schüler wenden diese Grundtätigkeiten in vielen Alltagssituationen an und verfügen meistens schon über vielfältige Bewegungserfahrungen. Durch vielfältige Formen des Hüpfens und Springens werden die Sprunggewandtheit und die Sprunggeschicklichkeit verbessert und damit eine wichtige Basis für viele Sportarten geschaffen.

Übungsschwerpunkte:
Hüpfen auf labilen Flächen und über flache Hindernisse. Springen von einem Gerät zum anderen über „Gräben“ und Ziellandungen. Niedersprünge aus unterschiedlichen (selbstgewählten) Höhen.

<u>Tipp</u>

- Am Ende des Kapitels folgen zwei Vorschläge für mögliche Bewegungslandschaften, wobei der Schwerpunkt Hüpfen – Springen, aber auch Bausteine mit anderen Grundtätigkeiten berücksichtigt werden. Nur so sind Bewegungslandschaften für die Schüler interessant, „erlebnisreich“ und „abenteuerlich“.
- Diese Beispiele dienen dem Sportlehrer als Anregung für die Zusammenstellung weiterer Bewegungslandschaften.
- Der Sportlehrer muss evtl. aufgrund der örtlichen Gegebenheiten modifizieren und unter Beachtung seiner Gruppe/Klasse auch inhaltliche Veränderungen vornehmen.
- Um die Planung und Umsetzung zu erleichtern, wird immer erst ein einfaches – nicht so aufwendiges – Beispiel aufgezeigt, das auch in einer ganz normalen Sportstunde von 45 Minuten umsetzbar ist.
- Es folgt ein zweites Beispiel mit mehr Geräten/Stationen mit einem aufwendigerem Aufbau, das für eine Doppelstunde gedacht ist und evtl. den ganzen Schulvormittag stehen bleiben kann.

Siehe hierzu auch Kapitel 5: Bewegungslandschaften konkret: Einzelstunde und Doppelstunde

Baustein	benötigte Geräte
	• 4 - 5 Kastenteile/ -deckel • 6 - 8 Turnmatten
Große Schrittsprünge von „Hügel“ zu „Hügel“ - möglichst ohne Zwischenschritte.	
	• 4 kleine Kästen • 3 Turnmatten
Schlusssprünge über die „Berggipfel“ (gewölbten Turnmatten) von Kasten zu Kasten.	

KOHL VERLAG
BEWEGUNGSLANDSCHAFTEN
Bestell-Nr. 12 266

6.4 Bewegungsschwerpunkt „Hüpfen-Springen“

Baustein	benötigte Geräte
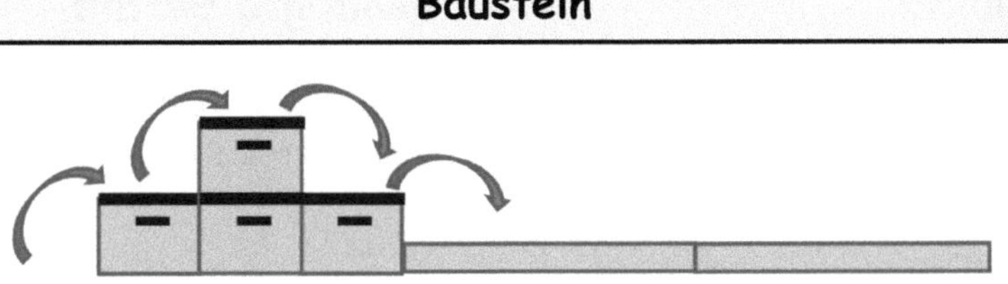	• 4 kleine Kästen • 2 - 4 Turnmatten
Schlusssprünge - mit oder ohne Zwischenhüpfer über die Kastentreppe - Niedersprung auf die Matte.	
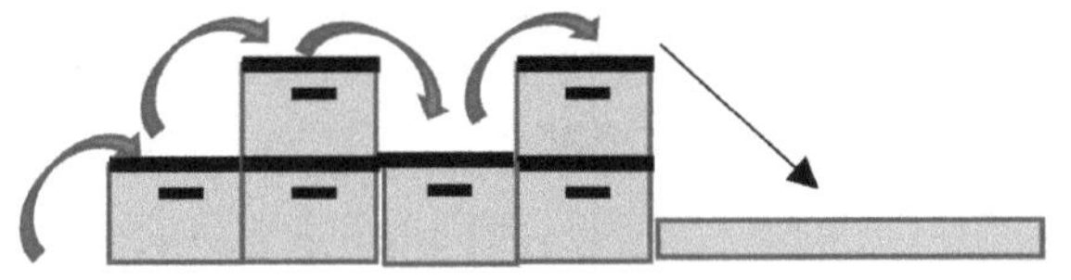	• 6 kleine Kästen • 2 Turnmatten
Schlusssprünge - mit oder ohne Zwischenhüpfer über die Kastentreppe - Niedersprung auf die Matte.	
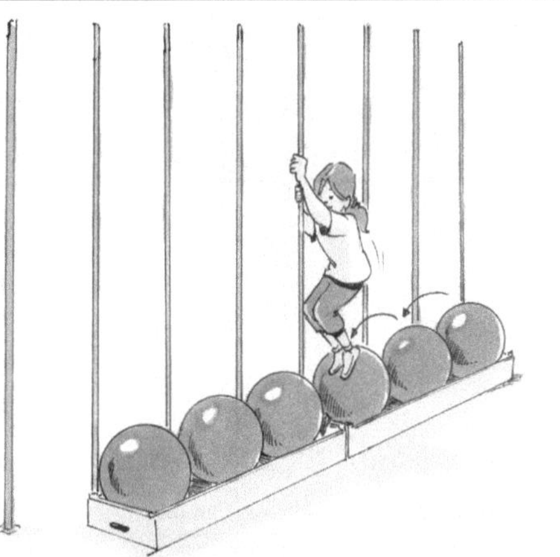	• Kletterstangen • 2 - 3 Kastenteile • 4 - 6 Physiobälle • Kastenteile mit Seilen zusammenbinden • die Physiobälle in die Kastenteile legen
Über die in den Kastenteilen eingeklemmten Physiobälle vorwärts hüpfen, dabei sich immer mit den Händen an den Kletterstangen festhalten.	
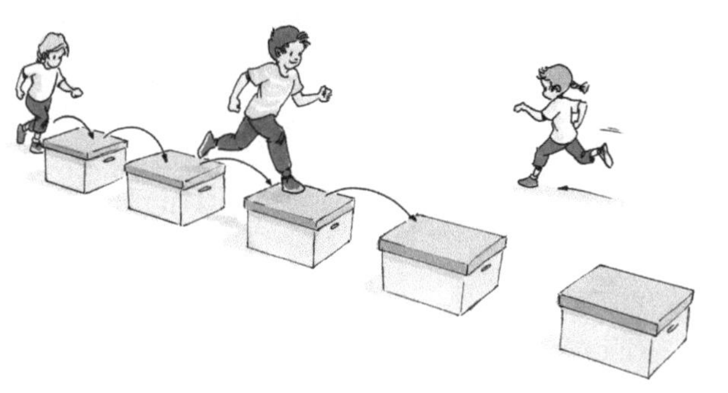	• 4 - 6 kleine Kästen
Schrittsprünge von Kasten zu Kasten. Abstände zwischen den Kästen anpassen.	
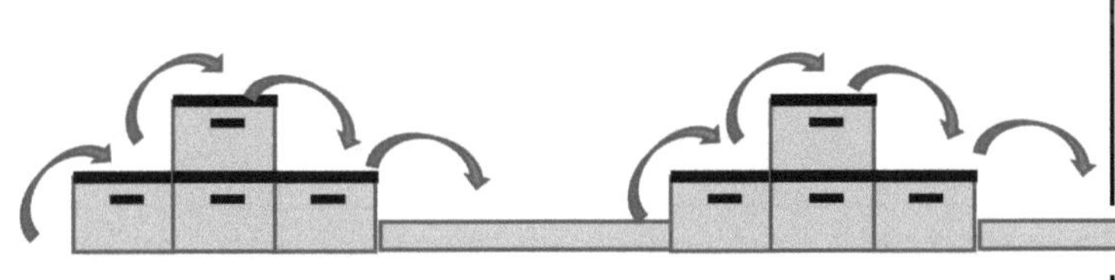	• 8 kleine Kästen • 2 - 4 Turnmatten
Schlusssprünge über die Kastentreppen - Niedersprung - Schlusssprünge über die Kastentreppen - Niedersprung.	

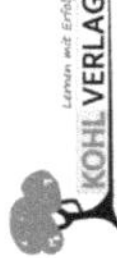

6.4 Bewegungsschwerpunkt „Hüpfen-Springen"

Baustein	benötigte Geräte
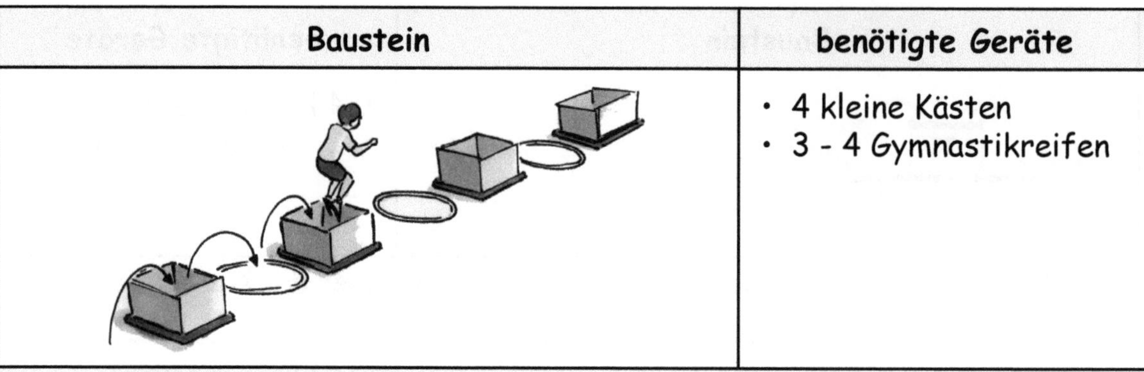	• 4 kleine Kästen • 3 - 4 Gymnastikreifen
Schlusssprünge in die kleinen Kästen und Reifen und wieder heraus, möglichst rhythmisch springen.	
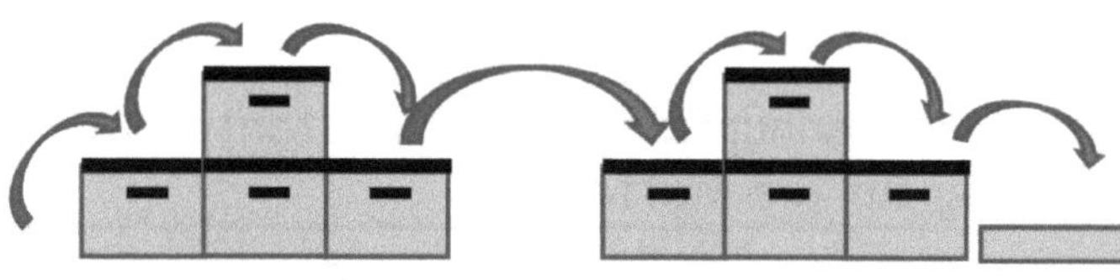	• 8 kleine Kästen • 2 Turnmatten
Schlusssprünge über die Kastentreppe - Schlusssprung über den Graben - Schlusssprünge über die Kastentreppe - Niedersprung auf die Matte.	
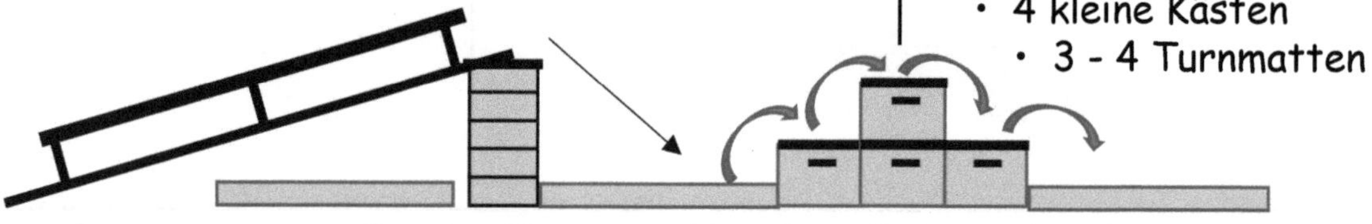	• 1 Turnbank • 1 mittelhoher großer Kasten • 4 kleine Kästen • 3 - 4 Turnmatten
Auf der umgedrehten Bank nach oben balancieren - Niedersprung auf die Matte und Schlusssprünge über die Kastentreppe - Niedersprung.	
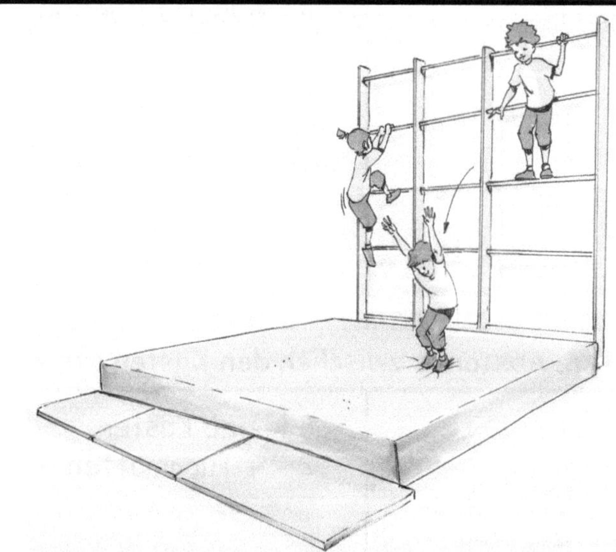	• Gitterleiter/ Sprossenwand • 1 Weichboden • 2 - 4 Turnmatten
An der Gitterleiter nach oben klettern und von einer selbst gewählten Höhe auf den Weichboden springen, dabei immer auf eine sichere Landung achten. Zunächst von der zweiten oder dritten Sprosse springen, dann evtl. steigern.	

BEWEGUNGSLANDSCHAFTEN
Abenteuerturnen organisieren – ermöglichen – Bestell-Nr. 12 266
KOHL VERLAG

6.4 Bewegungsschwerpunkt „Hüpfen-Springen"

Baustein	benötigte Geräte
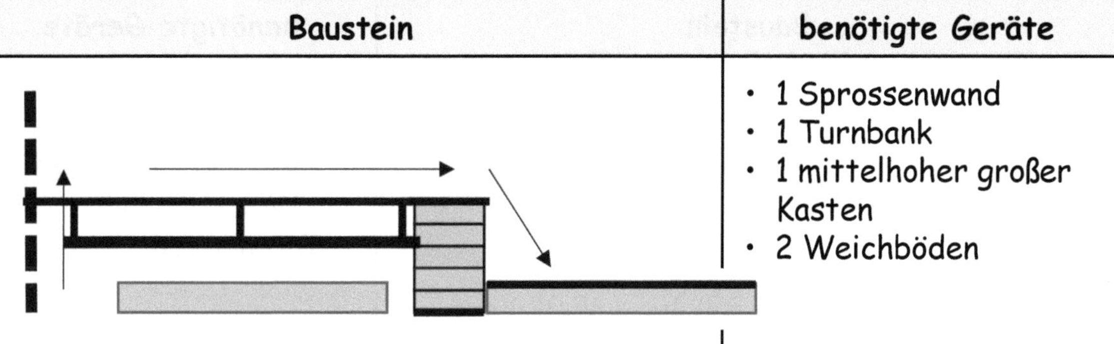	• 1 Sprossenwand • 1 Turnbank • 1 mittelhoher großer Kasten • 2 Weichböden
An der Sprossenwand nach oben klettern, auf die Bank steigen, darüber balancieren und vom großen Kasten auf den Weichboden springen.	
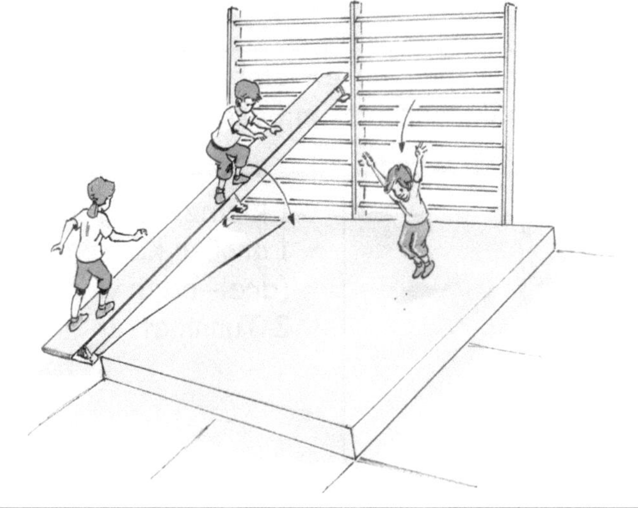	• 1 Sprossenwand • 1 Turnbank • 1 Weichboden • Turnmatten
Auf der eingehängten Turnbank nach oben gehen und von einer selbst gewählten Höhe auf den Weichboden springen. Evtl. auch von der Bank in das zweite Feld der Sprossenwand klettern und dann runterspringen.	
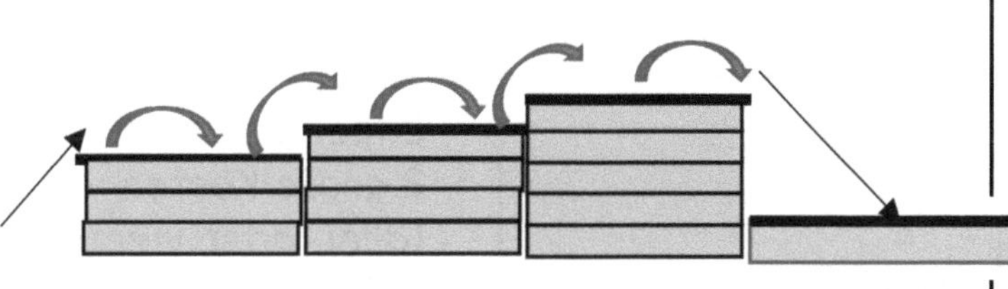	• 3 große Kästen (drei-, vier- und fünfteilig) • 1 Weichboden
Auf den ersten großen Kasten Klettern, dann Schlusshüpfer über die Kastentreppe und Niedersprung auf den Weichboden.	
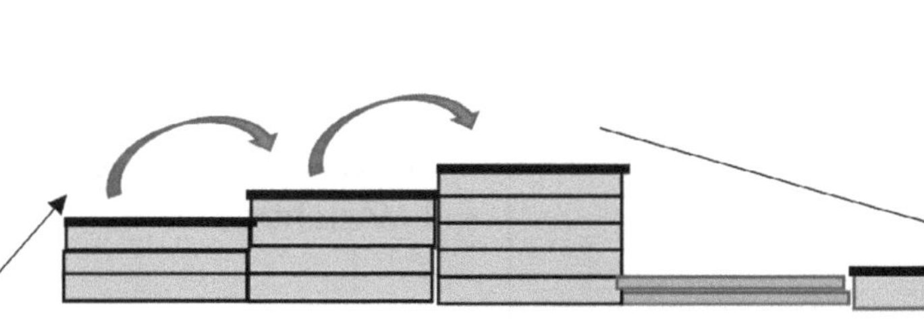	• 3 große Kästen (drei-, vier- und fünfteilig) • 1 Weichboden • 4 Turnmatten
Über die Kastentreppe laufen, einbeiniger Absprung am Ende des letzten großen Kastens, über den Graben hinweg und Landung auf dem entfernt liegenden Weichboden.	

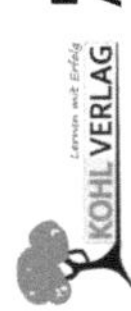

6.4 Bewegungsschwerpunkt „Hüpfen-Springen“

Baustein	benötigte Geräte
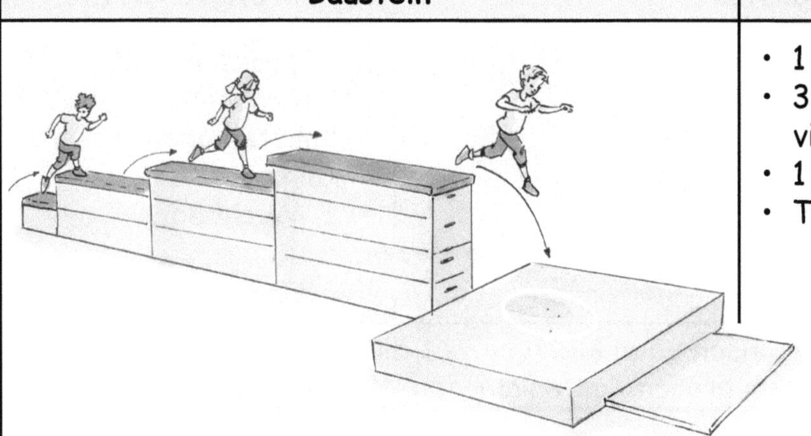	• 1 kleiner Kasten • 3 große Kästen (drei-, vier- und fünfteilig) • 1 Weichboden • Turnmatten
Mit Schrittsprüngen über die Kastentreppe laufen, einbeiniger Absprung vom letzten Kasten und Ziellandung im markierten Bereich (mit Kreide oder Parteibändern).	
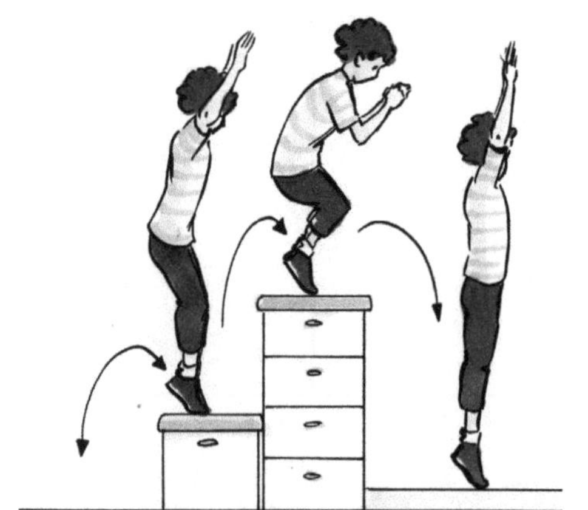	• 1 kleiner Kasten • 1 großer Kasten (drei- oder vierteilig) • 2 Turnmatten
Rhythmische Schlusssprünge über die Kastentreppe mit anschließendem Niedersprung.	
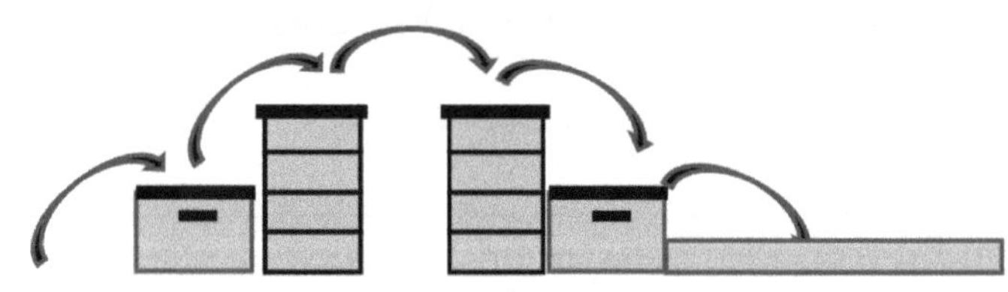	• 2 kleine Kästen • 2 große Kästen (drei- oder vierteilig) • 2 Turnmatten
Mit Schlusssprüngen die Kastentreppe aufwärts, über den Graben – Kastentreppe abwärts und Niedersprung.	
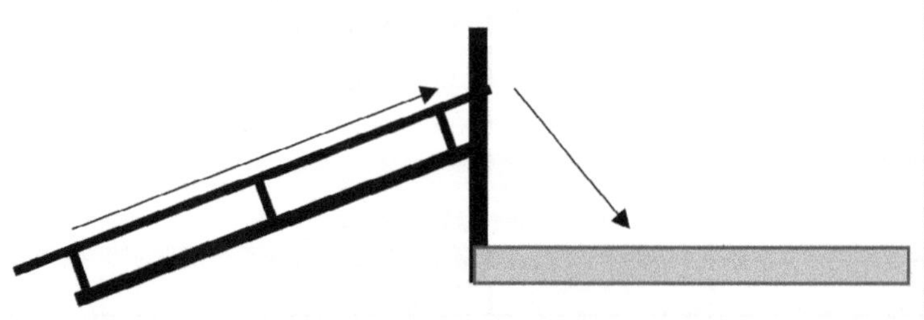	• 1 Turnbank • 1 Reck (1,30 – 1,50 m hoch) • 1 Weichboden
Über die eingehängte Turnbank beliebig nach oben gehen, sich vorsichtig etwas aufrichten und Niedersprung auf den Weichboden.	

Baustein	benötigte Geräte
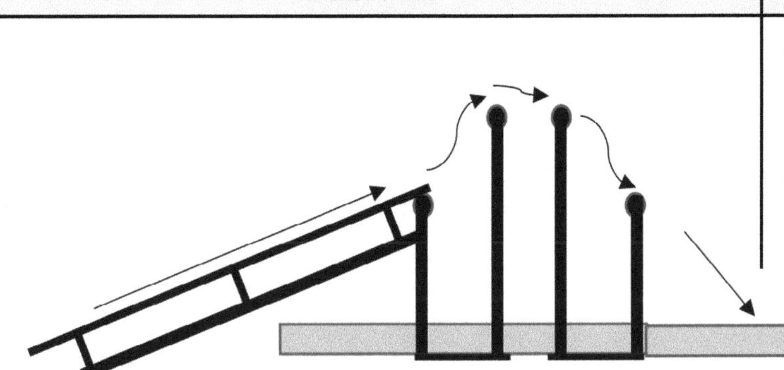	• 1 Turnbank mit Sprungseilen zusätzlich sichern • 2 Stufenbarren • 2 Weichböden oder Turnmatten
Über die eingehängte Turnbank beliebig nach oben gehen, vorsichtig über die oberen Holme klettern, die Füße auf den unteren Holm setzen und Niedersprung auf den Weichboden.	
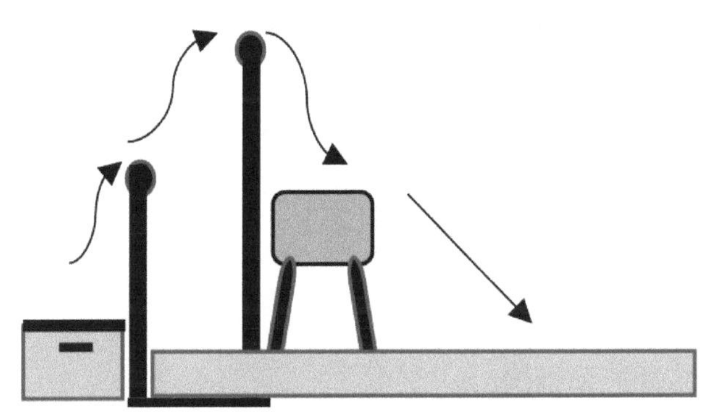	• 1 kleiner Kasten • 1 Stufenbarren • 1 - 2 Böcke • 1 Weichboden oder Turnmatten
Vom kleinen Kasten auf den unteren Holm steigen/klettern, den oberen Holm überwinden, die Füße auf den Bock setzen und Niedersprung auf den Weichboden.	
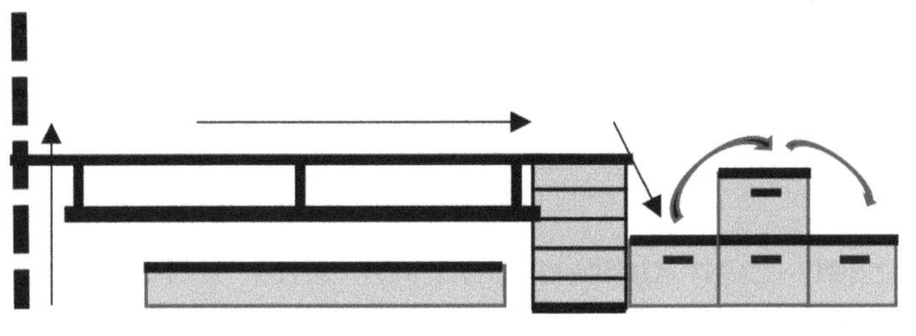	• 1 Sprossenwand • 1 Weichboden • 1 Turnbank • 1 großer Kasten (drei-oder vierteilig) • 4 kleine Kästen
An der Sprossenwand nach oben klettern, über die eingehängte Bank balancieren, Niedersprung vom großen Kasten und Schlusssprünge über die Kastentreppe.	
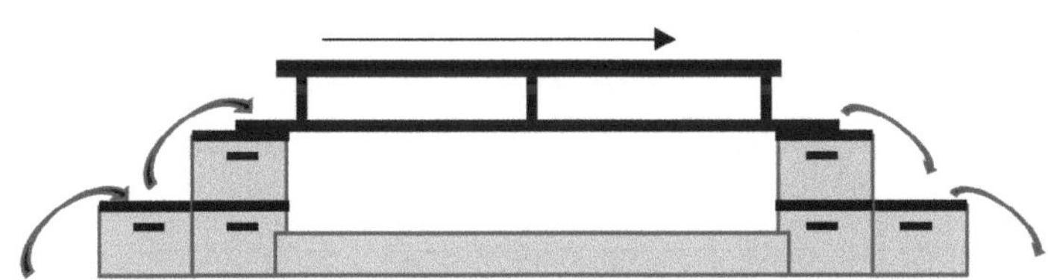	• 6 kleine Kästen • 1 Weichboden • 1 Turnbank
Schlusssprünge an der Kastentreppe aufwärts, Balancieren über die aufgelegte umgedrehte Turnbank und Schlusssprünge abwärts an der Kastentreppe.	

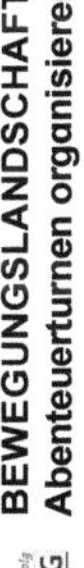

Bewegungslandschaft: Hüpfen-Springen-Klettern-Balancieren - 3 Stationen

Eine ganz normale Sportstunde – 45 Minuten

Es hat sich bewährt, die Gitterleiter und die Kletterstangen vor Beginn der Stunde in die entsprechende Position zu bringen, sodass die Schüler an diesen beiden Stationen nur ergänzend die Kastenteile mit den Physiobällen und den Weichboden sowie die Turnmatten aufbauen müssen. Der Sportlehrer überprüft die Arretierung der Stangen und der Gitterleiter.

Da die Kletterstangen und die Gitterleiter fest installiert sind, kann nur die dritte Station frei positioniert werden. Diese Station wird gemeinsam mit dem Sportlehrer auf Anweisung aufgebaut, wobei die Schüler die kleinen Kästen, die Turnbank und die Matten aus dem Geräteraum holen. Den großen Kasten fährt der Sportlehrer evtl. selbst an den gewählten Standort. Die Anordnung bzw. Reihenfolge der Stationen kann den jeweiligen Gegebenheiten vor Ort angepasst werden.

Die Übersicht auf der folgenden Seite ermöglicht es, alles auf „einen Blick" zu sehen. Diese Seite kann vom Sportlehrer kopiert werden und dient den Schülern als Aufbau- und Orientierungshilfe.

Zur Verfügung stehende Zeit: ca. 40 Minuten

- **Je Station:** **6 - 8 Schüler**
- **Auf- und Abbau:** **8 - 12 Minuten**
- **Übungszeit pro Station:** **6 - 8 Minuten mit Wechselzeit**

---

1. Station: Über die in den Kastenteilen eingeklemmten Physiobälle vorwärts gehen oder hüpfen, sich immer mit den Händen an den Kletterstangen festhalten.

Kletterstangen, 2 Kastenteile, 4 - 6 Physiobälle,
Kastenteile mit Sprungseilen zusammenbinden.

2. Station: An der Gitterleiter nach oben klettern und von einer selbst gewählten Höhe auf den Weichboden springen und dabei immer auf eine sichere Landung achten. Zunächst von der zweiten oder dritten Sprosse springen, danach evtl. steigern.

Gitterleiter oder Sprossenwand, 1 Weichboden, 2 - 4 Turnmatten

3. Station: Auf der umgelegten umgedrehten Bank nach oben balancieren und Niedersprung auf die Matte. Schlusssprünge über die Kastentreppe und Niedersprung auf die Matte.

1 Turnbank, 1 mittelhoher großer Kasten, 4 kleine Kästen, 4 - 6 Turnmatten

3 Stationen: Hüpfen-Springen-Klettern-Balancieren – einfach

1. Station

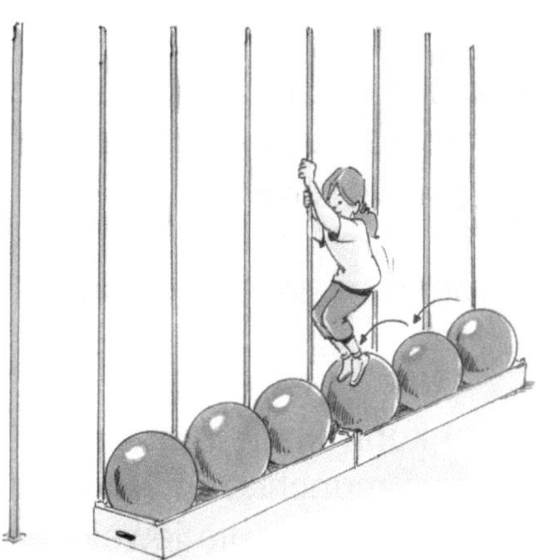

Über die in den Kastenteilen eingeklemmten Physiobälle vorwärts gehen oder hüpfen, sich immer mit den Händen an den Kletterstangen festhalten.

Kletterstangen, 2 Kastenteile, 4 - 6 Physiobälle, Kastenteile mit Sprungseilen zusammenbinden

2. Station

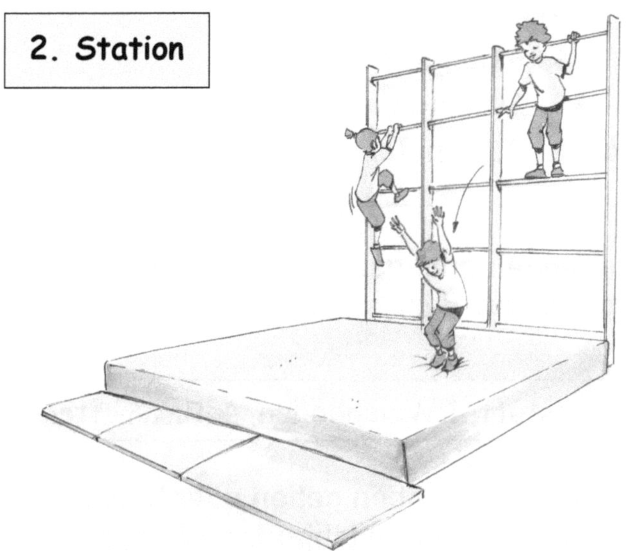

An der Gitterleiter nach oben klettern und von einer selbst gewählten Höhe auf den Weichboden springen und dabei immer auf eine sichere Landung achten. Zunächst von der zweiten oder dritten Sprosse springen, danach evtl. steigern. Diese Übung ist auch an einer Sprossenwand möglich.

Gitterleiter oder Sprossenwand, 1 Weichboden, 2 - 4 Turnmatten

3. Station

Auf der umgedrehten Bank nach oben balancieren und Niedersprung auf die Matte. Schlusssprünge über die Kastentreppe und Niedersprung auf die Matte.

Umgekehrt: an der Kastentreppe beginnen...

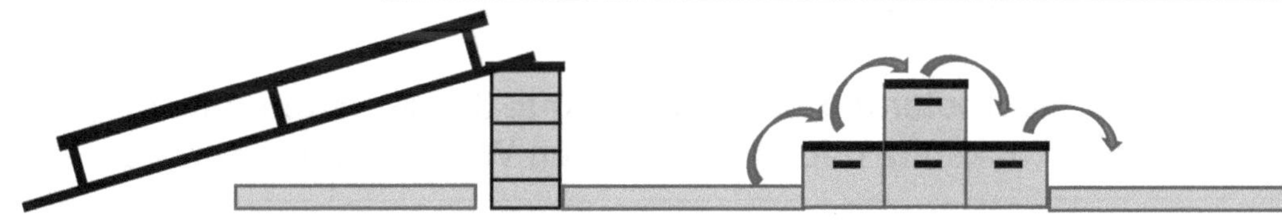

1 Turnbank, 1 mittelhoher großer Kasten, 4 kleine Kästen, 4 - 6 Turnmatten

BEWEGUNGSLANDSCHAFTEN Abenteuerturnen organisieren – ermöglichen – Bestell-Nr. 12 266

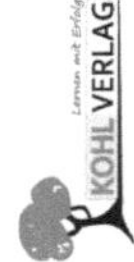

Bewegungslandschaft: Springen-Balancieren-Steigen-Klettern - 4 Stationen

Doppelstunde – 90 Minuten

Die hier ausgewählten vier Gerätekombinationen sind besonders motivierend und abwechslungsreich, da überall Großgeräte eingesetzt werden. Der Aufbau ist umfangreich und muss deshalb sorgfältig geplant werden.

Die Anordnung der Gerätekombinationen muss entsprechend der örtlichen Gegebenheiten angepasst werden.

Die Übersicht auf der folgenden Seite kann kopiert und den Schülern in die Hand gegeben werden, dadurch erübrigen sich manche Hinweise. Es ist empfehlenswert, schon zu Beginn vier Schülergruppen zu bilden, die jeweils eine Station aufbauen. Die Sprossenwand kann schon vorher an ihre richtige Position gebracht und arretiert werden. Der Sportlehrer überprüft an Station 2 und 3 die eingehängten Bänke und sichert sie evtl. zusätzlich mit Sprungseilen.

Zur Verfügung stehende Zeit: ca. 80 Minuten

- **Je Station:** **4 - 6 Schüler**
- **Auf- und Abbau:** **15 - 20 Minuten**
- **Übungszeit pro Station:** **ca. 12 - 15 Minuten mit Wechselzeit**

---

1. Station: Über die Kastentreppe laufen, einbeiniger Absprung am Ende des letzten großen Kastens und Landung auf dem entfernt liegenden Weichboden mit Zielmarkierung.

1 kleiner Kasten, 3 große Kästen abgestuft, 1 Weichboden, 4 Turnmatten

2. Station: Auf der eingehängten Turnbank nach oben gehen oder balancieren und von einer selbst gewählten Höhe auf den Weichboden springen. Evtl. auch von der Bank in das zweite Feld der Sprossenwand klettern und dann runterspringen.

1 Sprossenwand, 1 Turnbank, Turnmatten, 1 Weichboden

3. Station: Über die eingehängte Turnbank beliebig nach oben gehen, vorsichtig über die oberen Holme klettern, die Füße auf den unteren Holm des zweiten Barrens setzen und Niedersprung auf den Weichboden.

1 Turnbank, 2 Stufenbarren, Turnmatten, 1 Weichboden

4. Station: Über die Kastentreppe auf die Kante des Weichbodens klettern. Aus dem Sitz oder Hockstütz nach vorn auf den Weichboden springen.

2 Weichböden, 1 großer Kasten, 1 kleiner Kasten. Der große Kasten kann durch kleine Kästen ersetzt werden. Der senkrecht stehende Weichboden wird an den Seiten von Schülern gehalten.

4 Stationen: Hangeln-Schaukeln-Schwingen

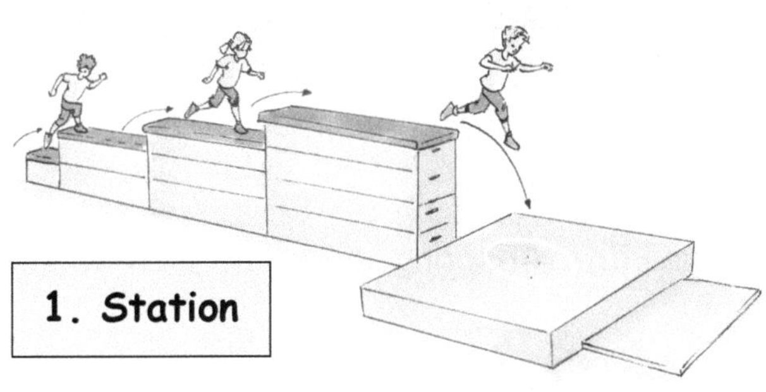

1. Station

Über die Kastentreppe laufen, einbeiniger Absprung am Ende des letzten großen Kastens und Landung auf dem entfernt liegenden Weichboden mit Zielmarkierung.
Auf beidbeinige Landung hinweisen.

1 kleiner Kasten, 3 große Kästen abgestuft, 1 Weichboden, 4 Turnmatten

2. Station

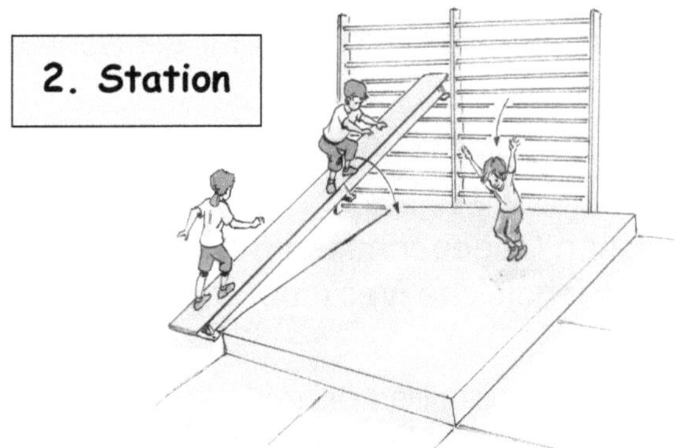

Auf der eingehängten Turnbank nach oben gehen oder balancieren und von einer selbst gewählten Höhe auf den Weichboden springen. Evtl. auch von der Bank in das zweite Feld der Sprossenwand klettern und dann runterspringen.

1 Sprossenwand, 1 Turnbank, Turnmatten, 1 Weichboden

3. Station

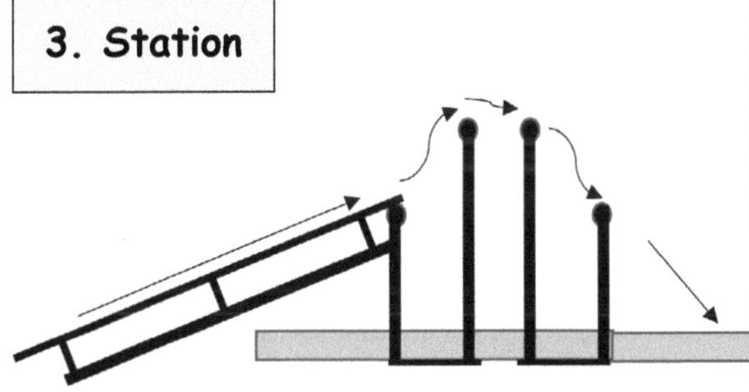

Über die eingehängte Turnbank beliebig nach oben gehen, vorsichtig über die oberen Holme klettern, die Füße auf den unteren Holm des zweiten Barrens setzen und Niedersprung auf den Weichboden.

1 Turnbank, 2 Stufenbarren, Turnmatten

4. Station

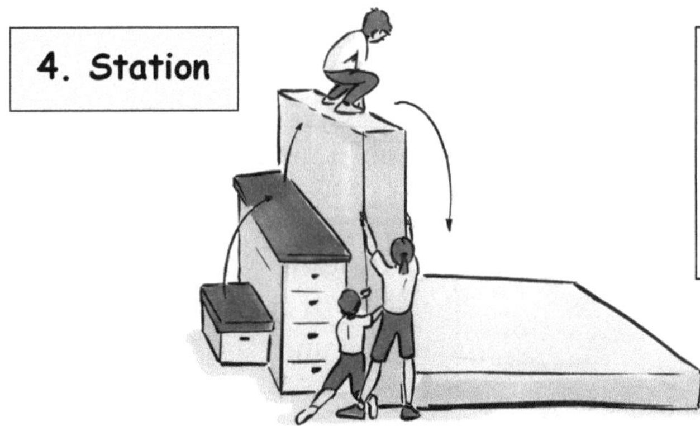

Über die Kastentreppe auf die Kante des Weichbodens klettern. Aus dem Sitz oder Hockstütz nach vorn auf den Weichboden springen.

2 Weichböden, 1 großer Kasten, 1 kleiner Kasten. Der große Kasten kann durch kleine Kästen ersetzt werden. Der senkrecht stehende Weichboden wird an den Seiten von Schülern gehalten.

BEWEGUNGSLANDSCHAFTEN
Abenteuerturnen organisieren – ermöglichen – Bestell-Nr. 12 266

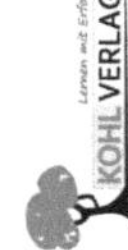

6.5 Bewegungsschwerpunkt „Stützen“

Beim Stützen müssen die Arme das eigene Körpergewicht am Boden oder an Geräten aktiv abstützen. Beim Stützen an verschiedenen Geräten und in unterschiedlichen Situationen wird der ganze Körper, besonders aber die Arm-, Schulter- und Rumpfmuskulatur gekräftigt und dadurch bessere Voraussetzungen für viele Übungen geschaffen.

Übungsschwerpunkte: An unterschiedlichen Geräten sich im Stütz („stützelnd“) fortbewegen – vor- und seitwärts, auf- und abwärts. Abspringen und danach das eigene Körpergewicht abstützen.

Tipp

- Am Ende des Kapitels folgen zwei Vorschläge für mögliche Bewegungslandschaften, wobei der Schwerpunkt Stützen, aber auch Bausteine mit anderen Grundtätigkeiten berücksichtigt werden. Nur so sind Bewegungslandschaften für die Schüler interessant, „erlebnisreich“ und „abenteuerlich“.
- Diese Beispiele dienen dem Sportlehrer als Anregung für die Zusammenstellung weiterer Bewegungslandschaften.
- Der Sportlehrer muss evtl. aufgrund der örtlichen Gegebenheiten modifizieren und unter Beachtung seiner Gruppe/Klasse auch inhaltliche Veränderungen vornehmen.
- Um die Planung und Umsetzung zu erleichtern, wird immer erst ein einfaches – nicht so aufwendiges – Beispiel aufgezeigt, das auch in einer ganz normalen Sportstunde von 45 Minuten umsetzbar ist.
- Es folgt ein zweites Beispiel mit mehr Geräten/Stationen mit einem aufwendigerem Aufbau, das für eine Doppelstunde gedacht ist und evtl. den ganzen Schulvormittag stehen bleiben kann.

Siehe hierzu auch Kapitel 5: Bewegungslandschaften konkret: Einzelstunde und Doppelstunde

Baustein	benötigte Geräte
	• 2 kleine Kästen • 1 Stützbarren • Turnmatten/Weichboden
Seitwärts kleinschrittig über den Barren stützeln, dabei sind beide Hände auf einer Seite und beide Füße auf der anderen Seite.	
	• 2 kleine Kästen • 1 Stützbarren • Turnmatten/Weichboden
Sprung in den Stütz und kleinschrittig durch die Holmengasse stützeln, dabei möglichst den Körper gestreckt halten.	

6.5 Bewegungsschwerpunkt „Stützen“

Baustein	benötigte Geräte
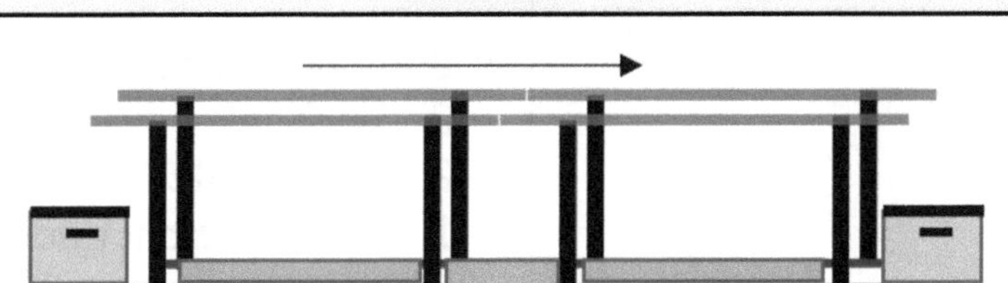	• 2 kleine Kästen • 2 Stützbarren • Turnmatten
Vom kleinen Kasten in den Stütz springen und kleinschrittig durch beide Holmengassen stützeln.	
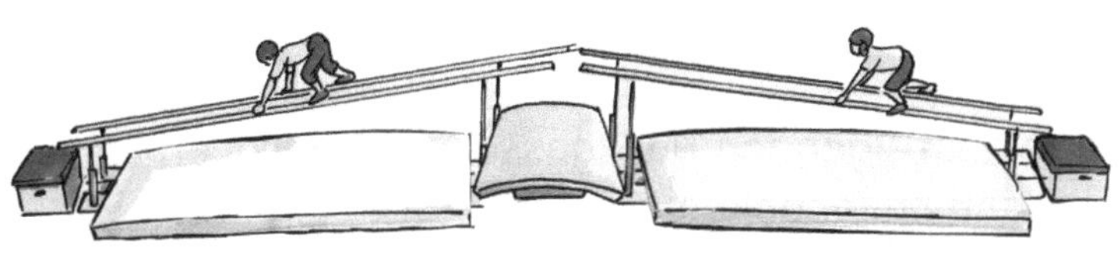	• 3 kleine Kästen • 2 Barren – beide Barren werden direkt aneinander gestellt • Turnmatten
Auf allen Vieren langsam aufwärts stützeln und danach ebenso wieder abwärts.	
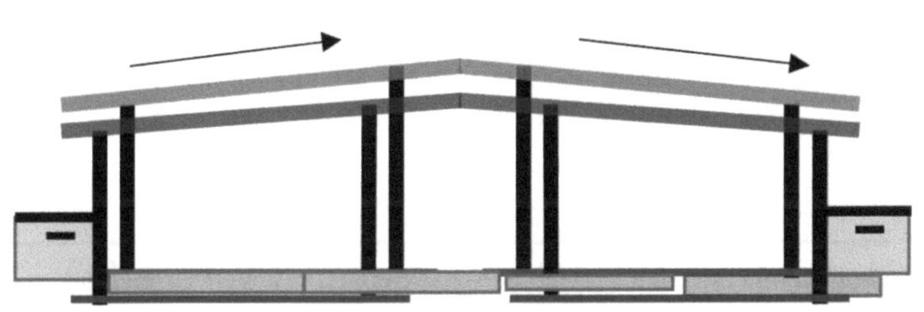	• 2 kleine Kästen • 2 Stützbarren schräg gestellt • Turnmatten
Vom kleinen Kasten in den Stütz: kleinschrittig auf- und abwärts durch beide Holmengassen stützeln.	
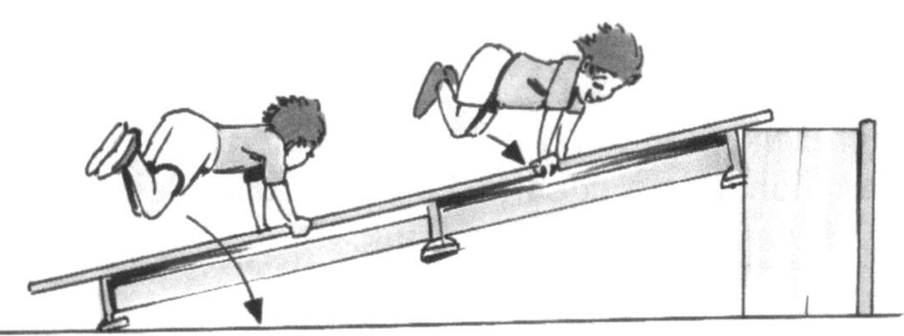	• 1 kleiner Kasten • 1 Turnbank
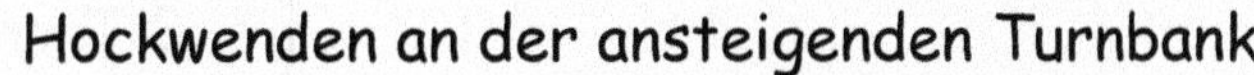 Hockwenden an der ansteigenden Turnbank.	
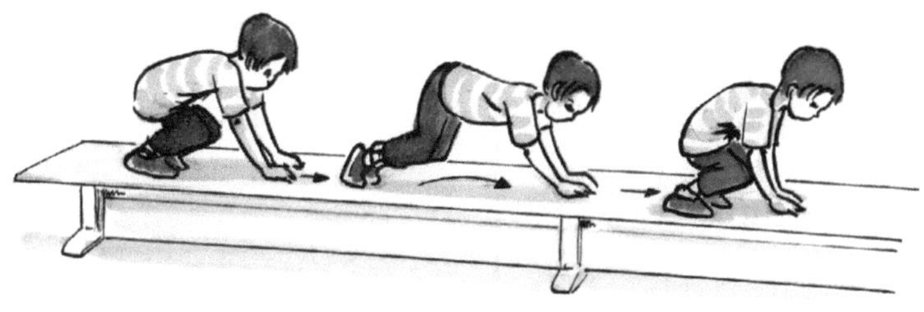	• 1 Turnbank
Hockstütz: vorgreifen und nachhocken der Füße/Beine – über die gesamte Länge der Turnbank.	

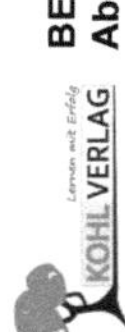

Baustein	benötigte Geräte
	• 2 kleine Kästen • 2 Turnbänke • 2 Sprungseile • 1 Turnmatte am Ende
Überhocken der Seile in der ansteigenden Bankgasse: erst vorgreifen – dann nachhocken.	
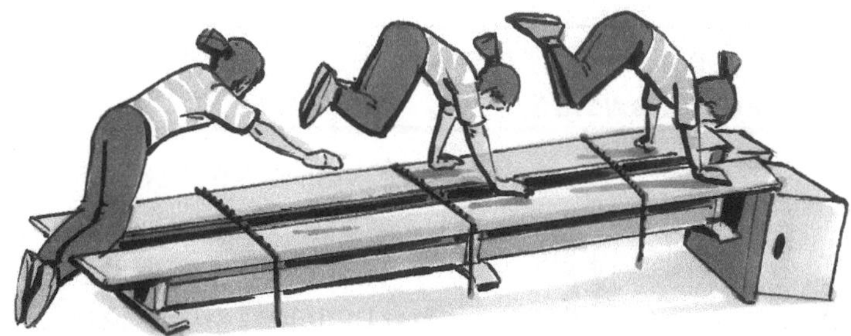	• 2 kleine Kästen • 2 Turnbänke • 3 Sprungseile • 1 Turnmatte am Ende
Überhocken der 3 Seile in der ansteigenden Bankgasse: erst vorgreifen – dann nachhocken. Möglichst einen eigenen Rhythmus finden.	
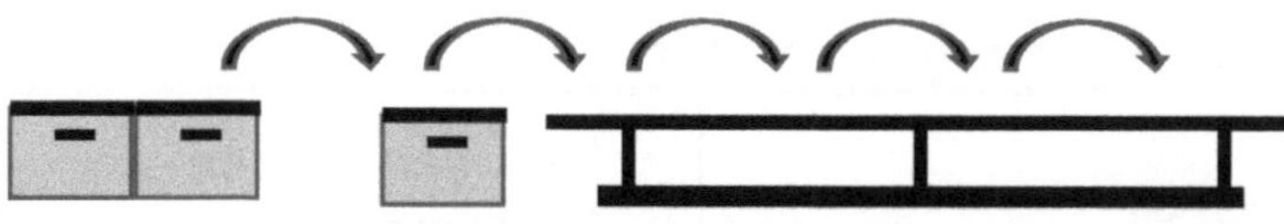	• 3 kleine Kästen • 1 Turnbank
Überhocken der Gräben zwischen den Kästen und der Bank. Vorgreifen/vorrutschen der Hände und nachhocken der Füße/Beine – über die gesamte Länge der Turnbank.	
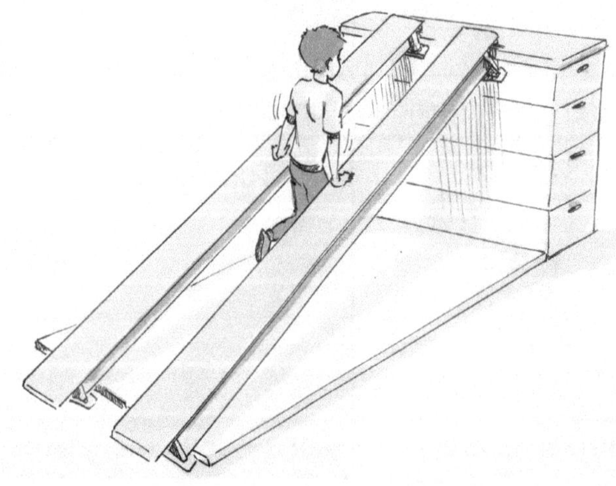	• 1 großer drei- oder vierteiliger Kasten • 2 Turnbänke
An den schräg nach oben verlaufenden Turnbänken sich langsam stützelnd vorwärts bewegen. Die Beine müssen hierbei anfangs etwas in den Knien gebeugt werden.	

KOHL VERLAG
BEWEGUNGSLANDSCHAFTEN – Abenteuerturnen organisieren – ermöglichen • Bestell-Nr. 12 266

6.5 Bewegungsschwerpunkt „Stützen“

<table>
<tr><th>Baustein</th><th>benötigte Geräte</th></tr>
<tr><td>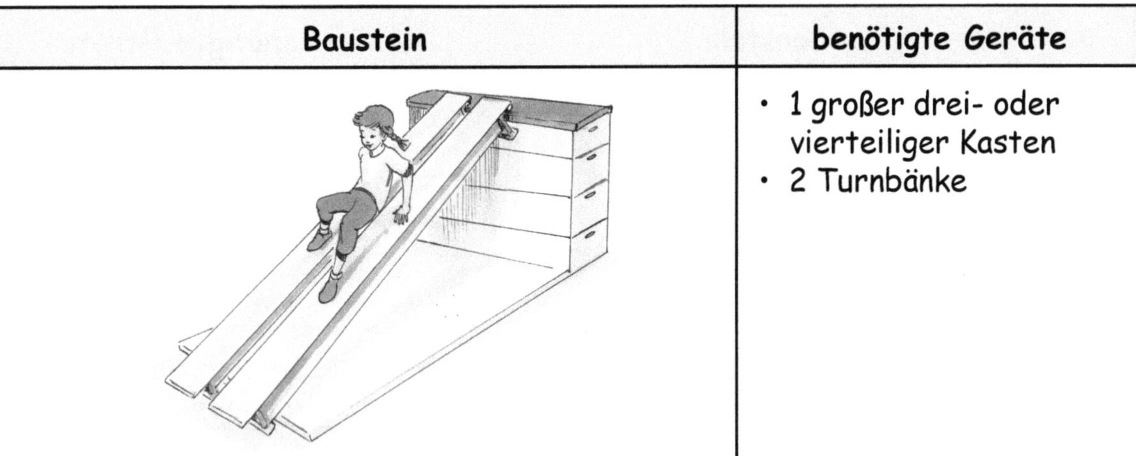</td><td>• 1 großer drei- oder vierteiliger Kasten
• 2 Turnbänke</td></tr>
<tr><td colspan="2">Sich stützelnd auf allen Vieren rücklings aufwärts an den ansteigenden Bänken bewegen. Rechte Hand und rechter Fuß sind dabei auf einer Bank, ebenso linker Fuß und linke Hand auf der anderen Bank.</td></tr>
<tr><td>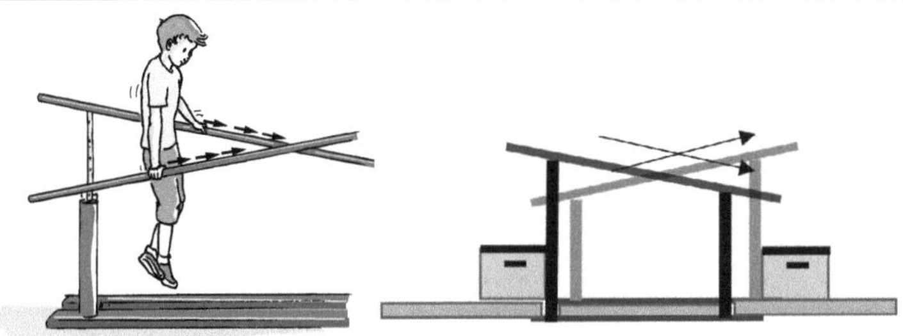</td><td>• 2 kleine Kästen
• 1 Stützbarren – Holme diagonal gestellt und gesichert
• Turnmatten</td></tr>
<tr><td colspan="2">Sich langsam stützelnd an den diagonal verlaufenden Holmen vorwärts bewegen. Dabei die sich ständig verändernde Belastung der Arme beachten.</td></tr>
<tr><td>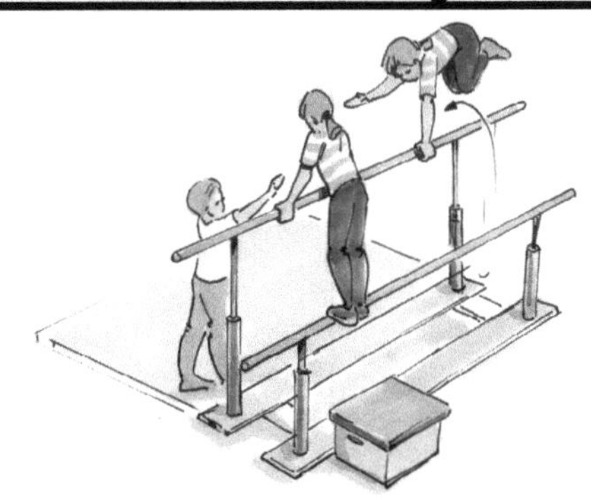</td><td>• 1 Stufenbarren
• 1 kleiner Kasten
• Turnmatten</td></tr>
<tr><td colspan="2">Vom kleinen Kasten auf den unteren Holm klettern: mit Zwiegriff (linke Hand fasst von unten - Handrücken zeigt nach unten - rechte Hand fasst von oben) am oberen Holm und Hockwende über den oberen Holm ausführen.</td></tr>
<tr><td>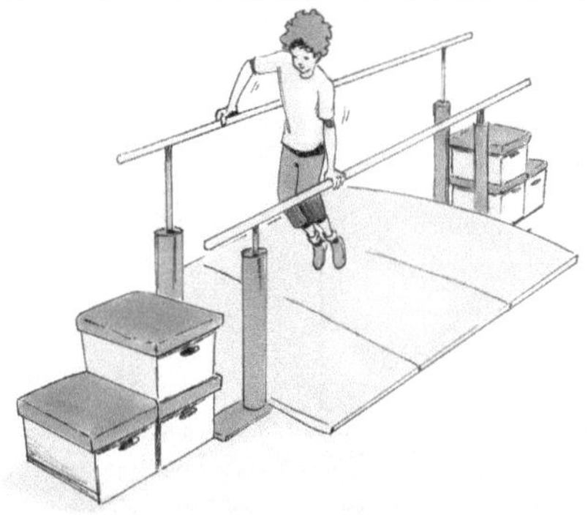</td><td>• 1 Stufenbarren
• 6 kleine Kästen
• Turnmatten</td></tr>
<tr><td colspan="2">Von der Kastentreppe mit einer Hand den unteren Holm und mit der anderen Hand den oberen Holm fassen: langsam durch die Holmgasse zur anderen Seite stützeln.</td></tr>
</table>

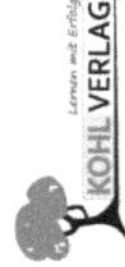

6.5 Bewegungsschwerpunkt „Stützen“

Baustein	benötigte Geräte
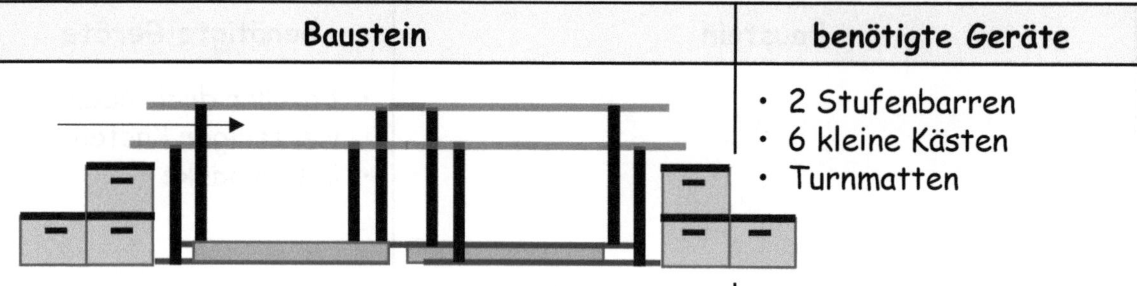	• 2 Stufenbarren • 6 kleine Kästen • Turnmatten
Von der Kastentreppe mit einer Hand den unteren Holm und mit der anderen Hand den oberen Holm fassen und kleinschrittig durch beide Holmengassen stützeln. Evtl. die beiden Barren mit unterschiedlichen Holmhöhen einstellen.	
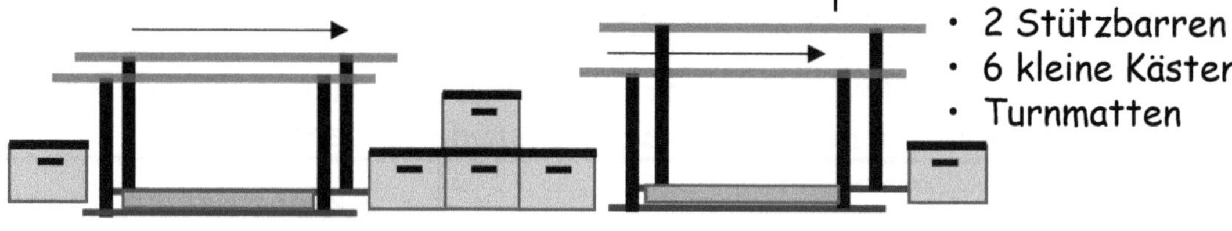	• 2 Stützbarren • 6 kleine Kästen • Turnmatten
Vom kleinen Kasten durch die gleichholmige Barrengasse stützeln – dann über die Kastentreppe steigen und mit einer Hand den unteren Holm und mit der anderen Hand den oberen Holm fassen und kleinschrittig durch die Gasse des Stufenbarrens stützeln.	
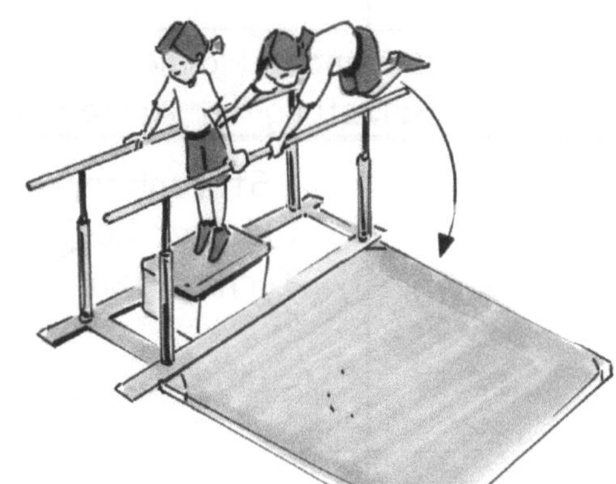	• 1 Stützbarren • 1 kleiner Kasten • Turnmatten
Mit Griff beider Hände rechts und links kurzes auftaktartiges Hüpfen und Hockwende über den Holm.	
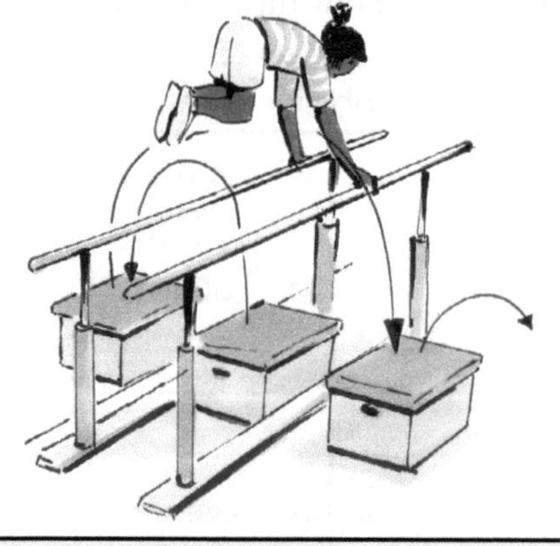	• 1 Stützbarren • 3 kleine Kästen
Stand in der Holmengasse: kleiner Zwischenhüpfer – Hockwende nach links auf den kleinen Kasten – kleiner Zwischenhüpfer und Hockwende auf den Kasten in der Holmengasse – kleiner Zwischenhüpfer und Hockwende auf den kleinen Kasten rechts.	

BEWEGUNGSLANDSCHAFTEN Abenteuerturnen organisieren – ermöglichen – Bestell-Nr. 12 266
KOHL VERLAG

6.5 Bewegungsschwerpunkt „Stützen“

<table>
<tr><th>Baustein</th><th>benötigte Geräte</th></tr>
<tr><td></td><td>• 1 Stützbarren
• 1 kleiner Kasten
• Turnmatten</td></tr>
<tr><td colspan="2">Mit Griff beider Hände rechts und links sofortiger Vorschwung über den Holm (Kehre).</td></tr>
<tr><td>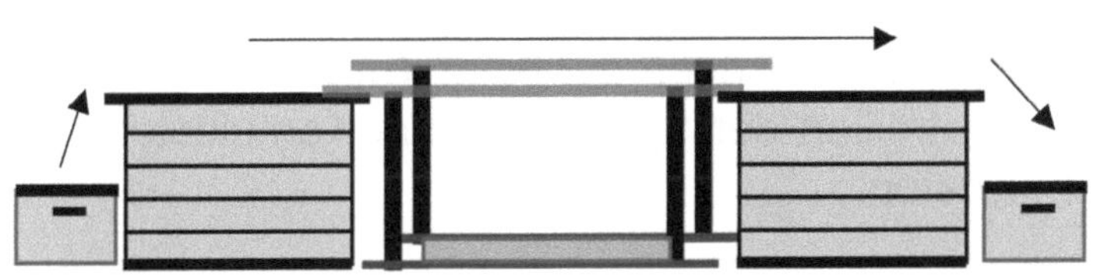</td><td>• 2 kleine Kästen
• 1 Stützbarren
• 2 große Kästen
• Turnmatten</td></tr>
<tr><td colspan="2">Vom kleinen Kasten auf den großen Kasten klettern: mit Griff beider Hände rechts und links langsam durch die Holmgasse stützeln und über die Kastentreppe auf der anderen Seite absteigen.</td></tr>
<tr><td>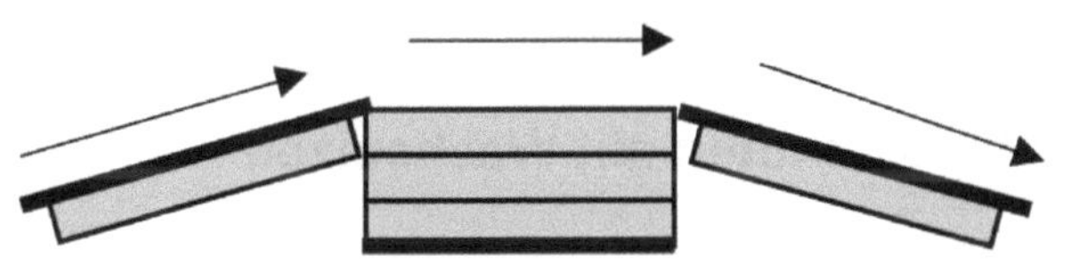</td><td>• 2 Kastendeckel
• 1 offener drei- oder vierteiliger großer Kasten</td></tr>
<tr><td colspan="2">Auf allen Vieren über den schrägen Kastendeckel aufwärts gehen: mit Griff beider Hände rechts und links die Kanten fassen und durch die Kastengasse stützeln und über den schrägen Kastendeckel auf der anderen Seite abwärts gehen.</td></tr>
<tr><td>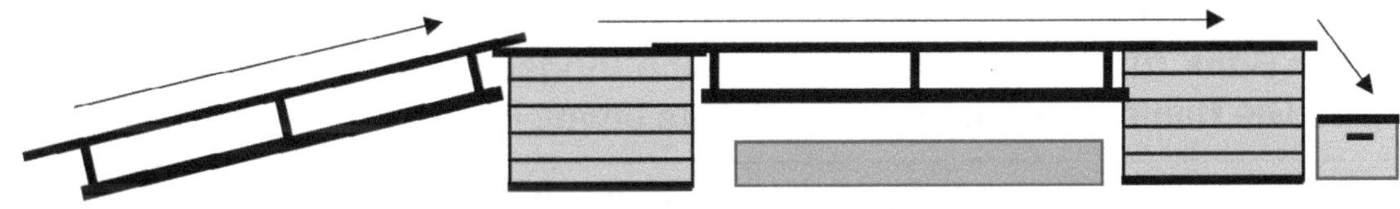</td><td>• 2 Turnbänke
• 2 große Kästen
• 1 Weichboden
• 1 kleiner Kasten</td></tr>
<tr><td colspan="2">Auf allen vieren über die schräg aufgelegte Turnbank nach oben gehen: vorgreifen und nachhocken der Füße/Beine - über die gesamte Länge der Turnbank. Aufrichten und Schlusshüpfer vom großen Kasten auf den kleinen Kasten.</td></tr>
</table>

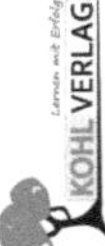

Bewegungslandschaft: Stützen-Klettern-Balancieren - 3 Stationen

Eine ganz normale Sportstunde – 45 Minuten

Die Übersicht auf der folgenden Seite ermöglicht es, alles auf „einen Blick“ zu sehen. Diese Seite kann vom Sportlehrer kopiert werden und dient den Schülern als Aufbau- und Orientierungshilfe.

Es hat sich bewährt, gleich zu Beginn der Stunde 3 Gruppen von je 6 - 8 Schülern zu bilden, die dann jeweils eine Station aufbauen. Der Sportlehrer markiert die Standorte mit Pylonen.

1. Station: Hier sollte der Sportlehrer behilflich sein – Barren rausfahren und sichern.

2. Station: Der Transport der Geräte und der Aufbau kann von den Schülern ohne Probleme geleistet werden. Der Sportlehrer überprüft die eingehängten Bänke.

3. Station: Die Kastendeckel liegen mit den Enden auf einer Turnmatte, so können sie nicht wegrutschen. Auch hier kontrolliert der Sportlehrer die Kontaktstellen zwischen Kastendeckel und offenem Kasten.

Die Anordnung bzw. Reihenfolge der Stationen kann den jeweiligen Gegebenheiten vor Ort angepasst werden.

Zur Verfügung stehende Zeit: ca. 40 Minuten

- **Je Station:** **6 - 8 Schüler**
- **Auf- und Abbau:** **10 - 14 Minuten**
- **Übungszeit pro Station:** **6 - 8 Minuten mit Wechselzeit**

---

1. Station: Vom kleinen Kasten in den Stütz springen und kleinschrittig durch die Holmengasse stützeln – von Kasten zu Kasten. Später den Barren an einer Seite hochstellen – erst auf allen Vieren hochgehen, dann nur noch die Arme einsetzen.

1 Stützbarren, Turnmatten, 2 kleine Kästen

2. Station: Sich stützelnd auf allen Vieren aufwärts an den ansteigenden Turnbänken bewegen. Rechte Hand und rechter Fuß sind dabei auf einer Bank; ebenso linker Fuß und linke Hand auf der anderen Bank. Anschließend auf einer Bank runter rutschen. Später sich langsam stützelnd vorwärts bewegen. Die Beine müssen hierbei anfangs etwas in den Knien gebeugt werden.

2 Turnbänke, 1 großer Kasten

3. Station: Auf allen vieren über den schrägen Kastendeckel aufwärts gehen: mit Griff beider Hände rechts und links die Kanten fassen und durch die Kastengasse stützeln und über den schrägen Kastendeckel auf der anderen Seite abwärts gehen.

2 Kastendeckel, 1 offener vierteiliger großer Kasten, Turnmatten

3 Stationen: Stützen-Klettern-Balancieren

1. Station

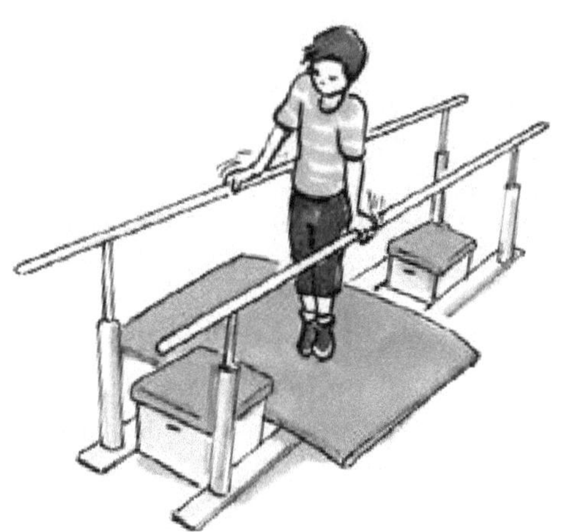

Vom kleinen Kasten in den Stütz springen und kleinschrittig durch die Holmengasse stützeln – von Kasten zu Kasten. Später den Barren an einer Seite hochstellen – erst auf allen vieren hochgehen, dann nur noch die Arme einsetzen.

1 Stützbarren, Turnmatten, 2 kleine Kästen

2. Station

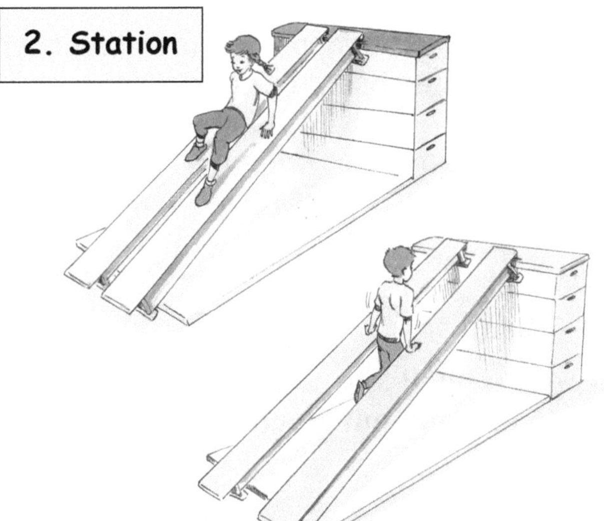

Sich stützelnd auf allen vieren aufwärts an den ansteigenden Turnbänken bewegen. Rechte Hand und rechter Fuß sind dabei auf einer Bank; ebenso linker Fuß und linke Hand auf der anderen Bank. Anschließend auf einer Bank runterrutschen. Später sich langsam stützelnd vorwärts bewegen. Die Beine müssen hierbei anfangs etwas in den Knien gebeugt werden.

2 Turnbänke, 1 großer Kasten, 2 - 4 Turnmatten

3. Station

Auf allen vieren über den schrägen Kastendeckel aufwärts gehen: mit Griff beider Hände rechts und links die Kanten fassen und durch die Kastengasse stützeln und über den schrägen Kastendeckel auf der anderen Seite abwärts gehen.

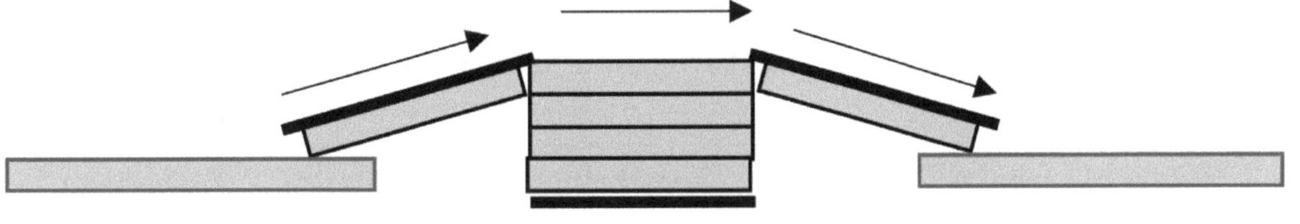

1 mittelhoher großer offener Kasten, 2 Kastendeckel, 4 - 6 Turnmatten

KOHL VERLAG BEWEGUNGSLANDSCHAFTEN Abenteuerturnen organisieren – ermöglichen – Bestell-Nr. 12 266

Bewegungslandschaft: Stützen-Klettern-Balancieren - 3 Stationen

Doppelstunde – 90 Minuten

Die hier ausgewählten vier Gerätekombinationen sind besonders interessant und motivierend. Der Aufbau ist umfangreich und muss deshalb sorgfältig geplant werden.

Da das Reck fest installiert ist, müssen die anderen Stationen entsprechend der örtlichen Gegebenheiten angepasst werden.

Die Übersicht auf der folgenden Seite kann kopiert und den Schülern in die Hand gegeben werden, dadurch erübrigen sich manche Hinweise. Es ist empfehlenswert, schon zu Beginn drei Schülergruppen zu bilden, die jeweils eine Station aufbauen.

Der Sportlehrer unterstützt den Aufbau der Reckstation und überprüft die Arretierung der Stangen.

Der Stützbarren muss lediglich an seinen Stellplatz geschoben werden. Auch hier muss der Sportlehrer die Holme entsprechend einstellen und arretieren.

Station 2 kann von den Schüler ohne Probleme selbst aufgebaut werden. Der hochkant stehende Weichboden wird zwischen den großen Kästen eingeklemmt.

Tipp: Sollten nur 3 große Kästen vorhanden sein, können die großen Kästen am Reck an der absteigenden Seite auch durch kleine Kästen ersetzt werden (siehe Abb.).

Zur Verfügung stehende Zeit: ca. 80 Minuten

- **Je Station:** **6 - 8 Schüler**
- **Auf- und Abbau:** **15 - 20 Minuten**
- **Übungszeit pro Station:** **ca. 12 - 15 Minuten mit Wechselzeit**

---

1. **Station: Sich langsam stützelnd an den diagonal verlaufenden Holmen vorwärts bewegen. Dabei die sich ständig verändernde Belastung der Arme beachten. Später auch 2 Barren aneinanderstellen und an beiden Barren durchstützeln.**

1 - 2 Stützbarren, Turnmatten, 2 kleine Kästen

2. **Station: Über die Kastentreppe auf die Kante des Weichbodens klettern und langsam auf allen vieren sich vorwärts bewegen. Auf der anderen Seite vorsichtig absteigen.**

2 große Kästen, 2 kleine Kästen, 1 Weichboden, Turnmatten

3. **Station: Balancieren über die Turnbänke und Reckstangen mit Griff an der oberen Reckstange.**

3 Reckpfosten, 4 Reckstangen, 2 mittelhohe große Kästen, 2 Turnbänke, Turnmatten

BEWEGUNGSLANDSCHAFTEN Abenteuerturnen organisieren – ermöglichen – Bestell-Nr. 12 266

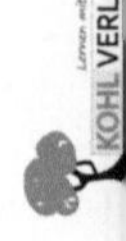

3 Stationen: Stützen-Klettern-Balancieren

1. Station

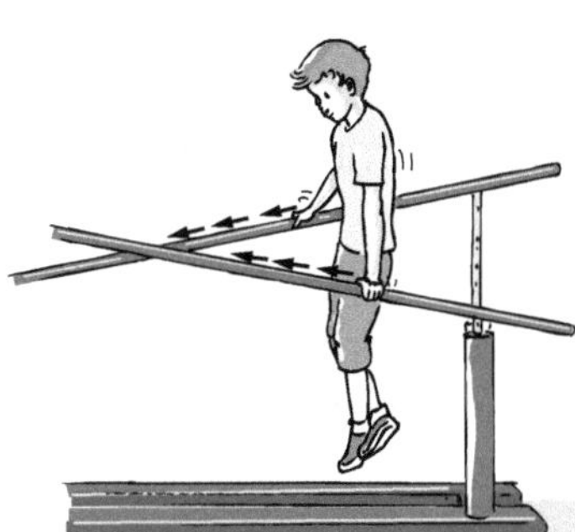

Sich langsam stützelnd an den diagonal verlaufenden Holmen vorwärts bewegen. Dabei die sich ständig verändernde Belastung der Arme beachten. Später auch 2 Barren aneinander stellen und an beiden Barren durchstützeln.

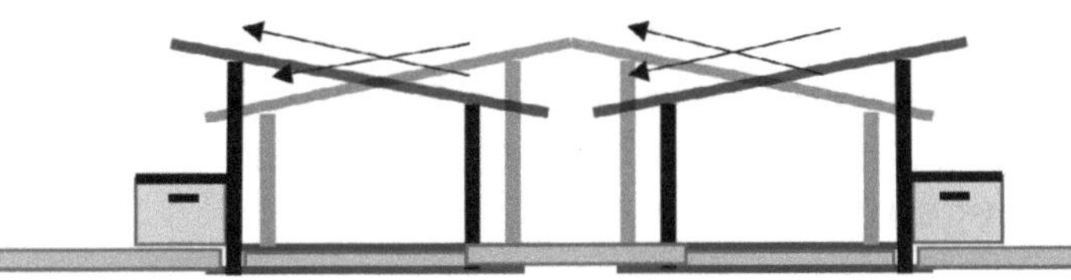

1 - 2 Stützbarren, Turnmatten, 2 kleine Kästen

2. Station

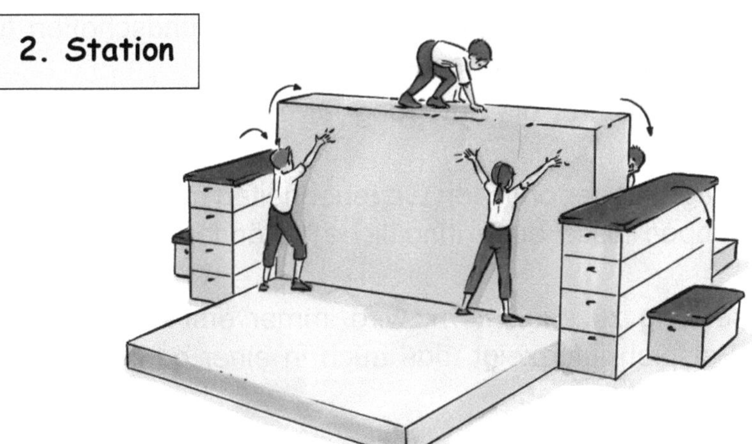

Über die Kastentreppe auf die Kante des Weichbodens klettern und langsam auf allen vieren sich vorwärts bewegen. Auf der anderen Seite vorsichtig absteigen.

2 große Kästen, 2 kleine Kästen, 1 Weichboden, Turnmatten

3. Station

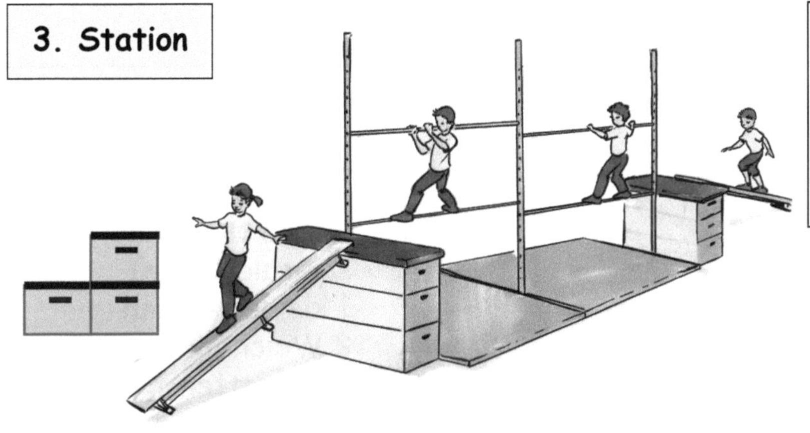

Balancieren über die Turnbänke und Reckstangen mit Griff an der oberen Reckstange.

3 Reckpfosten, 4 Reckstangen, 2 mittelhohe große Kästen, 2 Turnbänke, Turnmatten

6.6 Bewegungsschwerpunkt „Steigen-Klettern“

Unter Klettern versteht man die auf- und vorwärts gerichtete Bewegung mit Armen und Beinen. Schüler lieben es, in die Höhe oder auf bzw. über Geräte zu klettern und sich losgelöst vom Boden fortzubewegen. Klettern wird oft in Kombination mit dem Steigen angewandt, z. B. muss der Schüler zunächst auf den kleinen Kasten steigen, um dann den Barren zu überklettern.

In der Regel können Schüler sich beim Klettern gut selbst einschätzen, sollten aber bei den zu lösenden Aufgaben nicht überfordert werden. Auch hier muss der Sportlehrer ganz besonders auf die Sicherheitsvorkehrungen achten.

Übungsschwerpunkte: von Gerät zu Gerät klettern, auf und über unterschiedlich hohe Geräte steigen und klettern. Sich beim Klettern vor-, seitwärts, auf- und abwärts fortbewegen.

Tipp

- Am Ende des Kapitels folgen zwei Vorschläge für mögliche Bewegungslandschaften, wobei der Schwerpunkt Steigen-Klettern, aber auch Bausteine mit anderen Grundtätigkeiten berücksichtigt werden. Nur so sind Bewegungslandschaften für die Schüler interessant, „erlebnisreich“ und „abenteuerlich“.
- Diese Beispiele dienen dem Sportlehrer als Anregung für die Zusammenstellung weiterer Bewegungslandschaften.
- Der Sportlehrer muss evtl. aufgrund der örtlichen Gegebenheiten modifizieren und unter Beachtung seiner Gruppe/Klasse auch inhaltliche Veränderungen vornehmen.
- Um die Planung und Umsetzung zu erleichtern, wird immer erst ein einfaches – nicht so aufwendiges – Beispiel aufgezeigt, das auch in einer ganz normalen Sportstunde von 45 Minuten umsetzbar ist.
- Es folgt ein zweites Beispiel mit mehr Geräten/Stationen mit einem aufwendigerem Aufbau, das für eine Doppelstunde gedacht ist und evtl. den ganzen Schulvormittag stehen bleiben kann.

Siehe hierzu auch Kapitel 5: Bewegungslandschaften konkret: Einzelstunde und Doppelstunde

Baustein	benötigte Geräte
	• 2 Stufenbarren (hohe Holme aneinander - schmale Gasse) • 1 kleiner Kasten • 2 Weichböden oder Turnmatten
Vom kleinen Kasten auf den unteren Holm steigen und danach über die schmale Holmgasse der oberen Holme klettern - die Hände sichern dabei. Vom unteren Holm des zweiten Stufenbarren auf den Weichboden springen.	

<table>
<tr><th>Baustein</th><th>benötigte Geräte</th></tr>
<tr><td>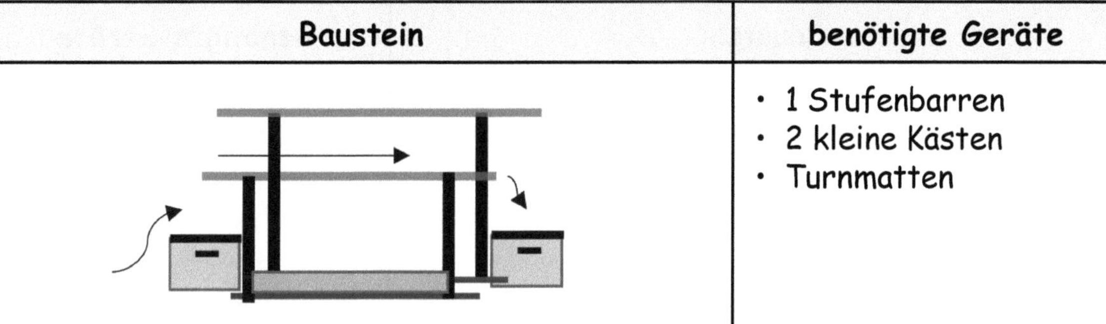</td><td>• 1 Stufenbarren
• 2 kleine Kästen
• Turnmatten</td></tr>
<tr><td colspan="2">Vom kleinen Kasten auf den unteren Holm klettern und sich dann seitwärts fortbewegen, Die Hände fassen dabei den oberen Holm. Auf der anderen Seite auf den kleinen Kasten absteigen.</td></tr>
<tr><td>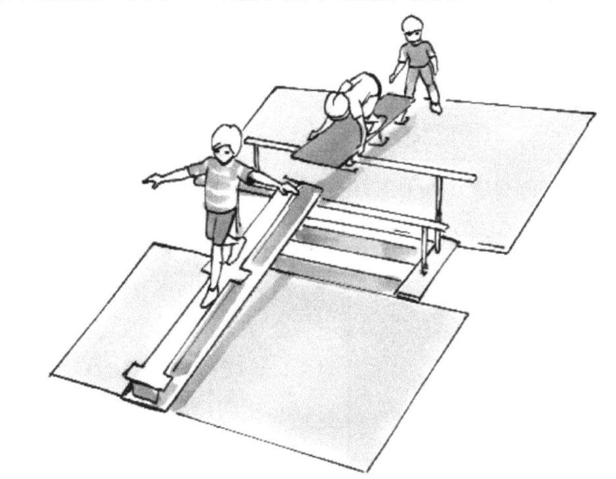</td><td>• 1 Turnbank
• 1 Turnbank umgedreht (Sitzfläche unten - Balken oben)
• 1 Stützbarren
• Turnmatten
• Sprungseile
Die umgedrehte Turnbank (Balken oben) wird durch Seile am Holm fixiert.</td></tr>
<tr><td colspan="2">Über die eingehängt Turnbank nach oben gehen und über die Holmengasse klettern. Danach über die abwärts führende umgedrehte Turnbank nach unten gehen.</td></tr>
<tr><td>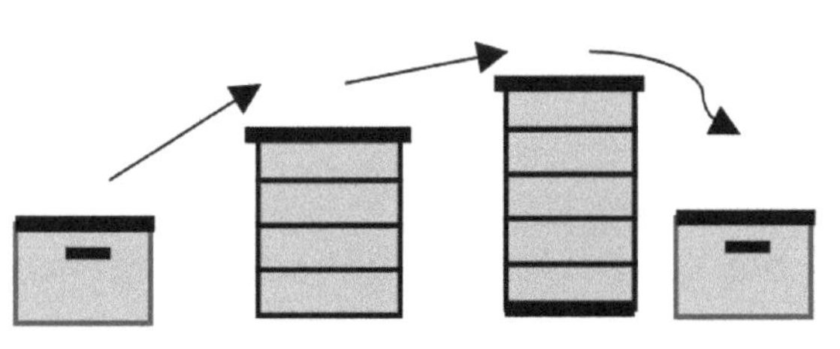</td><td>• 2 kleine Kästen
• 1 drei- oder vierteiliger großer Kasten
• 1 fünfteiliger großer Kasten
• Kastenabstand ca. 30 - 50 cm</td></tr>
<tr><td colspan="2">Über die Kastentreppe klettern - dabei die Hände voransetzen.</td></tr>
<tr><td>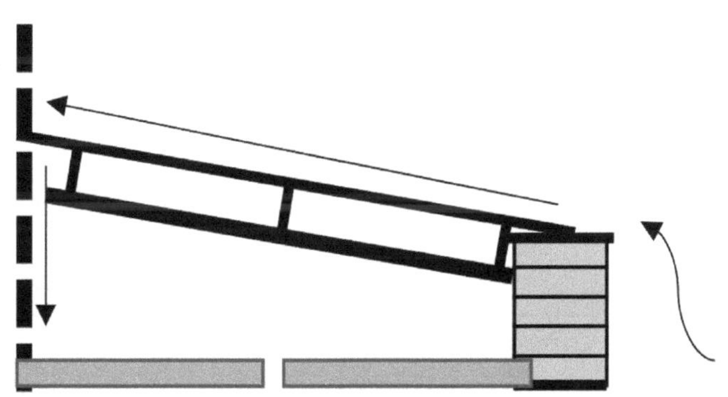</td><td>• Sprossenwand
• 1 Turnbank
• 1 großer Kasten
• Turnmatten</td></tr>
<tr><td colspan="2">Auf den großen Kasten klettern und über die ansteigende Turnbank aufwärts gehen. Danach links oder rechts an der Sprossenwand hinabklettern/steigen.</td></tr>
</table>

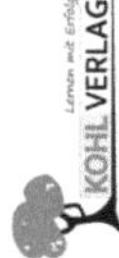

BEWEGUNGSLANDSCHAFTEN
Abenteuerturnen organisieren – ermöglichen – Bestell-Nr. 12 266

6.6 Bewegungsschwerpunkt „Steigen-Klettern“

Baustein	benötigte Geräte
	• 1 kleiner Kasten • 1 großer Kasten • 1 Weichboden (Steifigkeit beachten) Der Weichboden wird von Schülern an den Seiten gehalten.
Über die Kastentreppe auf die Kante des Weichbodens klettern. Aus dem Sitz oder Hockstütz nach vorn auf den Weichboden springen.	
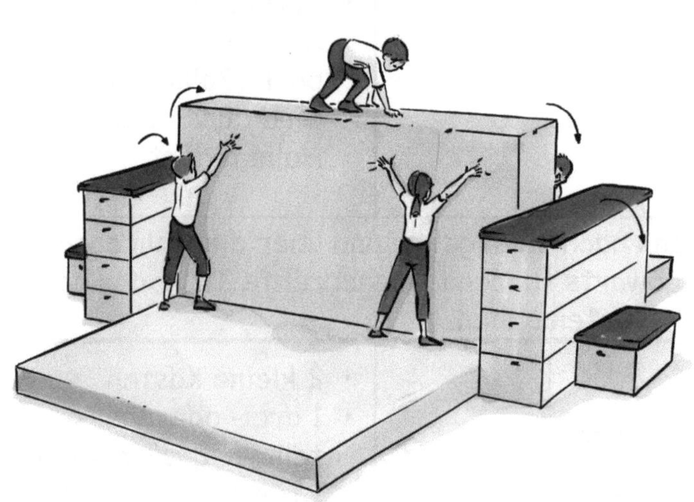	• 2 kleine Kästen • 2 große Kästen • 1 Weichboden • Turnmatten Der Weichboden wird von Schülern an den Seiten gehalten.
Über die Kastentreppe auf die Kante des Weichbodens klettern und sich langsam auf allen vieren vorwärts bewegen. Auf der anderen Seite vorsichtig absteigen.	
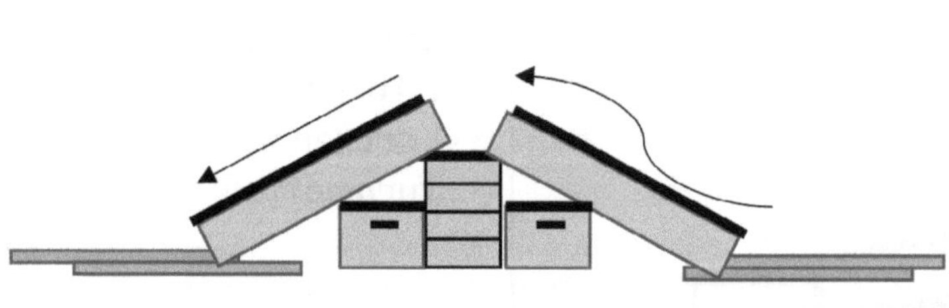	• 1 mittelhoher großer Kasten • 2 Weichböden mit Steifigkeit • 4 Turnmatten, damit die Weichböden nicht wegrutschen • 2 - 4 kleine Kästen
Den schrägen Weichboden auf allen vieren hochklettern, den kleinen Graben überklettern und danach die schräge Ebene hinabrollen oder -wälzen.	

KOHL VERLAG BEWEGUNGSLANDSCHAFTEN Abenteuerturnen organisieren – ermöglichen – Bestell-Nr. 12 266

6.6 Bewegungsschwerpunkt „Steigen-Klettern“

Baustein	benötigte Geräte
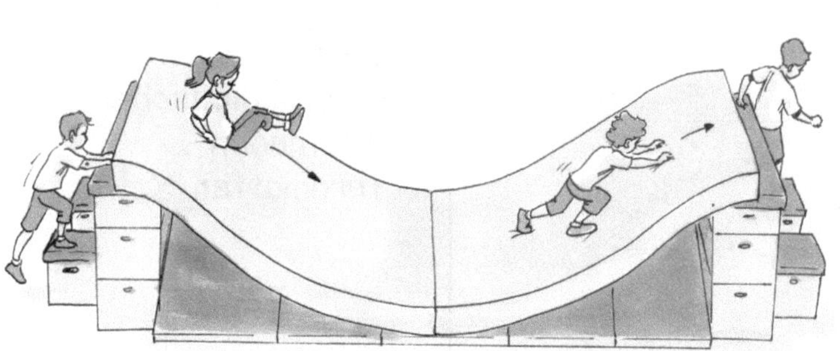	• 4 kleine Kästen • 2 mittelhohe große Kästen • 2 Weichböden • Turnmatten als Unterlage für die Weichböden
Die Kastentreppe hochsteigen, über die Mattenkante klettern und runterrutschen. Danach am zweiten Weichboden hochklettern und über die Kastentreppe absteigen.	
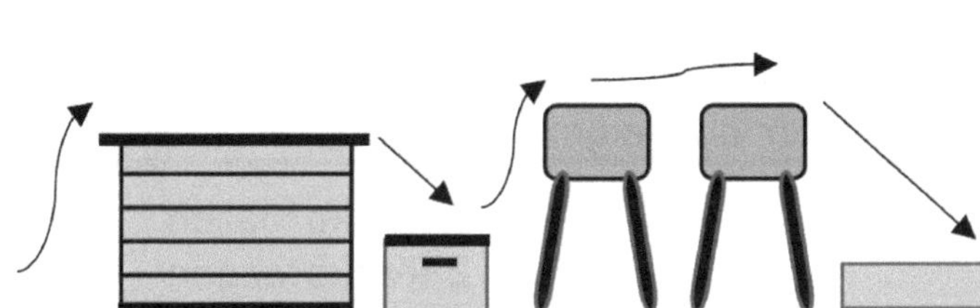	• 1 großer Kasten • 1 kleiner Kasten • 2 Böcke – längs oder quergestellt • 1 Weichboden oder Turnmatten
Auf den großen Kasten klettern, absteigen auf den kleinen Kasten und danach über die Böcke klettern mit anschließendem Niedersprung auf den Weichboden.	
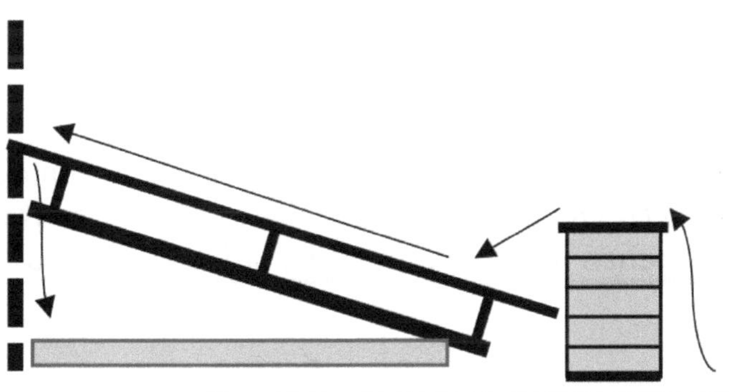	• 1 Sprossenwand • 1 Turnbank • 1 großer Kasten • Turnmatten
Auf den großen Kasten klettern, auf die Turnbank absteigen und aufwärts gehen. Anschließend an der Sprossenwand rechts oder links hinabsteigen.	
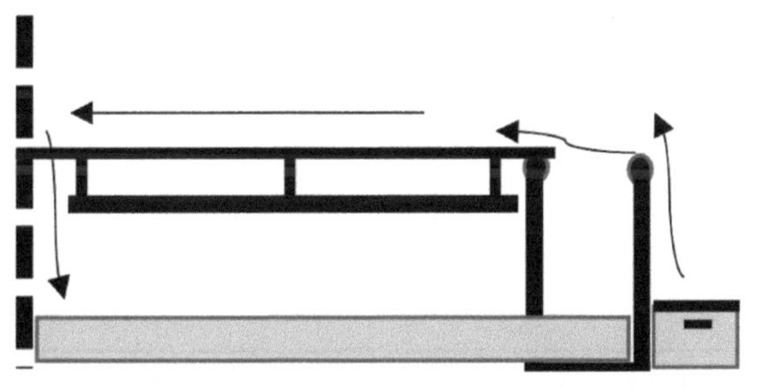	• 1 Sprossenwand • 1 Turnbank • 1 kleiner Kasten • 1 Stützbarren • Turnmatten
Vom kleinen Kasten über die Holmengasse klettern und über die eingehängte Turnbank gehen. Anschließend an der Sprossenwand rechts oder links hinabsteigen.	

6.6 Bewegungsschwerpunkt „Steigen-Klettern“

Baustein	benötigte Geräte
	• 2 Reckpfosten • 3 Reckstangen mit unterschiedlichen Abständen • Turnmatten
An der unteren und mittleren Reckstange hochsteigen, die obere (dritte) Stange vorsichtig überklettern, etwas zur anderen Seite stützeln und danach wieder absteigen.	
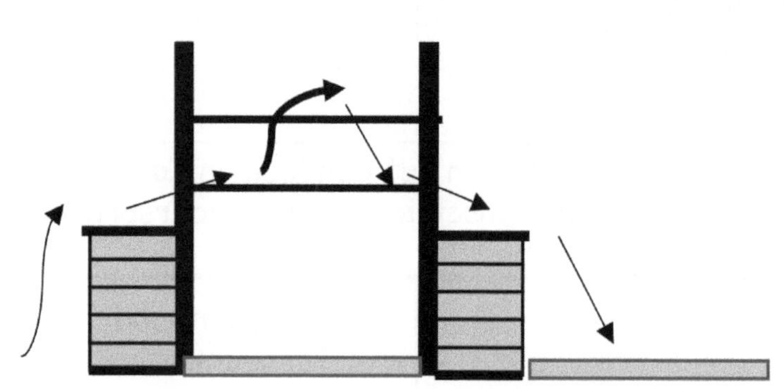	• 2 Reckpfosten • 2 Reckstangen • 2 große Kästen mittelhoch • Turnmatten
Auf den großen Kasten klettern, auf die untere Reckstange gehen, von dort aus die obere Reckstange überklettern und zurück auf die untere Reckstange. Danach auf den großen Kasten gehen und Niedersprung auf die Turnmatte.	
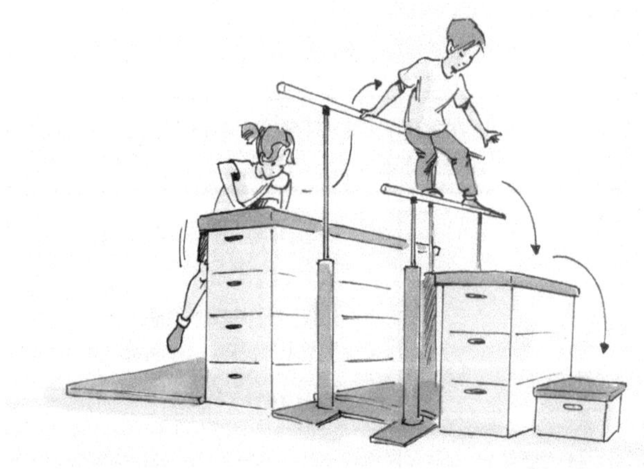	• 1 vierteiliger großer Kasten • 1 Stufenbarren • 1 dreiteiliger großer Kasten • 1 kleiner Kasten • Turnmatten
Auf den großen Kasten klettern. Den oberen Holm überklettern und mit den Füßen auf den unteren Holm kommen. Danach auf den dreiteiligen großen Kasten und den davor stehenden kleinen Kasten absteigen.	

KOHL VERLAG BEWEGUNGSLANDSCHAFTEN Abenteuerturnen organisieren – ermöglichen – Bestell-Nr. 12 266

6.6 Bewegungsschwerpunkt „Steigen-Klettern“

Baustein	benötigte Geräte
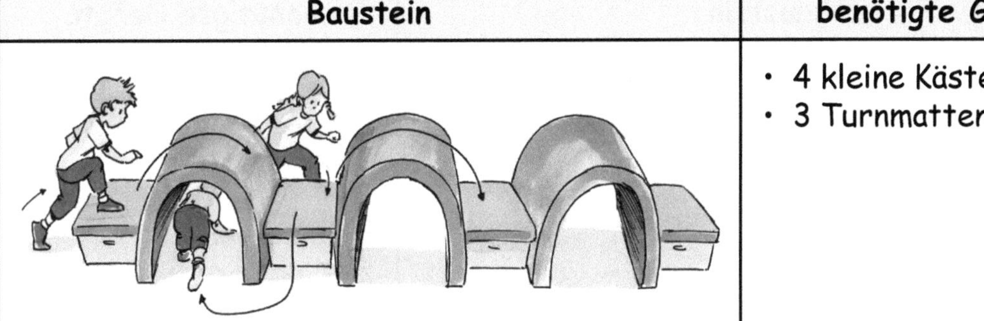	• 4 kleine Kästen • 3 Turnmatten
Beliebiges Überklettern der Mattenhügel und durch die Tunnel kriechen.	
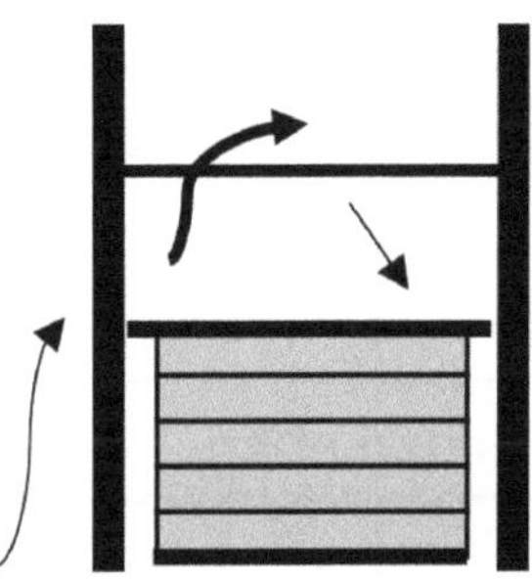	• 2 Reckpfosten • 1 Reckstange • 1 großer Kasten Der große Kasten steht unter der Reckstange.
Auf den großen Kasten klettern und anschließend über die darüber befindliche Reckstange klettern. Danach wieder absteigen.	
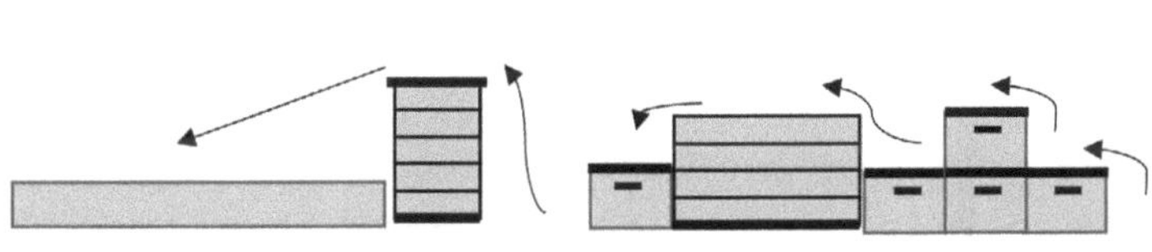	• 1 großer Kasten • 1 offener drei- oder vierteiliger großer Kasten • 5 kleine Kästen • 1 Weichboden
Über die Kastentreppe steigen und danach in den offenen großen Kasten klettern, auf der anderen Seite heraussteigen und danach auf den großen Kasten klettern mit anschließendem Niedersprung auf den Weichboden.	
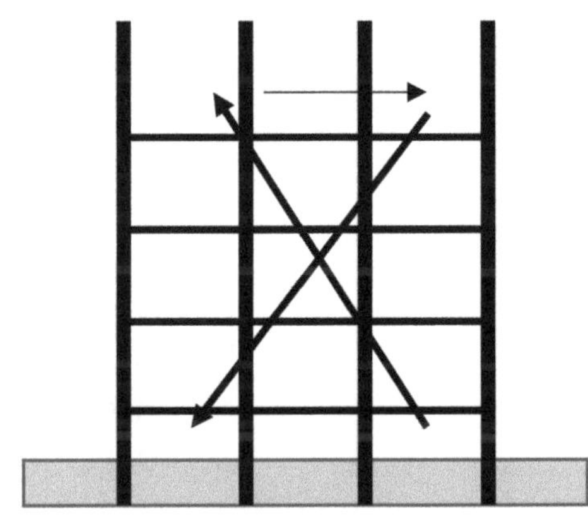	• 1 Gitterleiter • Weichboden und Turnmatten Evtl. zunächst mit zwei oder drei Feldern beginnen und dann steigern. Die Gitterleiter vorn und hinten mit Matten absichern.
Diagonal von unten nach oben klettern, die Seite wechseln und diagonal nach unten klettern.	

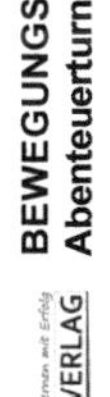

6.6 Bewegungsschwerpunkt „Steigen-Klettern“

Baustein	benötigte Geräte
	• 1 Gitterleiter • Weichboden und Turnmatten Evtl. zunächst mit zwei oder drei Feldern beginnen und dann steigern. Die Gitterleiter vorn und hinten mit Matten absichern.
Slalomklettern von unten nach oben.	
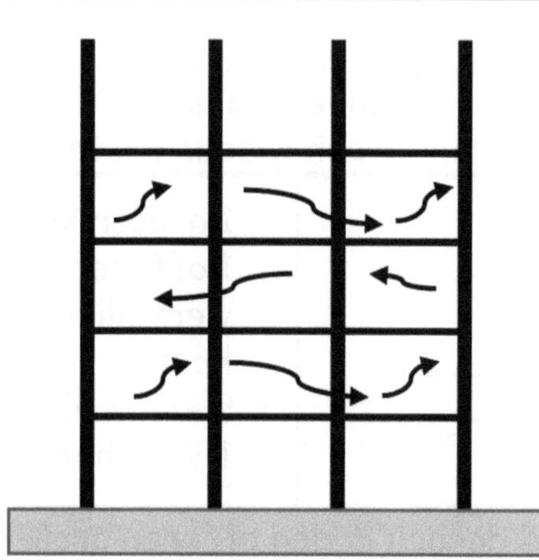	• 1 Gitterleiter • Weichboden und Turnmatten Evtl. zunächst mit zwei oder drei Feldern beginnen und dann steigern. Die Gitterleiter vorn und hinten mit Matten absichern.
Slalomklettern über die Horizontale nach oben.	
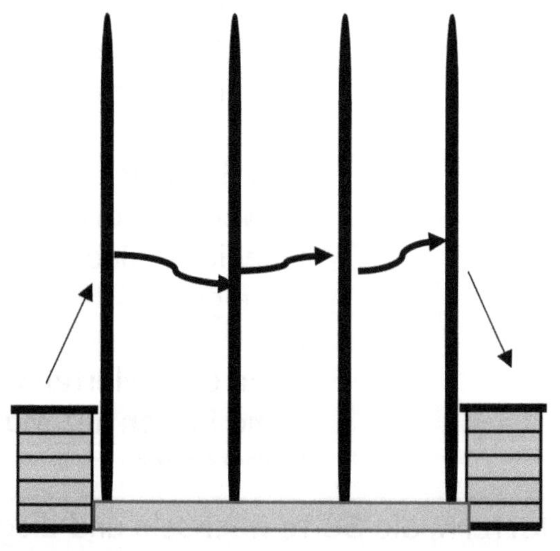	• 4 - 6 Kletterstangen • 2 mittelhohe große Kästen • Turnmatten Die Kletterstangen vorn, hinten und dazwischen mit Matten absichern. Die großen Kästen können auch durch kleine Kästen ersetzt werden.
Auf den großen Kasten klettern und mit beiden Händen über Kopf die erste Kletterstange greifen. Mit einer Hand die nächste Stange greifen und so von Stange zu Stange klettern - bis zum großen Kasten auf der anderen Seite.	

Bewegungslandschaft: Steigen-Klettern - 3 Stationen

Eine ganz normale Sportstunde – 45 Minuten

Da die Gitterleiter und das Reck fest installiert sind, kann nur die erste Station frei positioniert werden. Es hat sich bewährt, die Gitterleiter vor Beginn der Stunde in die entsprechende Position zu bringen, sodass die Schüler nur noch Matten auslegen müssen.

Der Sportlehrer markiert den Standort für Station 1 und kontrolliert das Bereitstellen des Barrens. Das Einstellen und Arretieren der Holme sollte am besten vor der Stunde vorgenommen werden. Die Schüler holen einen vier- und dreiteiligen großen Kasten und stellen sie an der entsprechenden Seite des Stufenbarrens auf.

Den Aufbau des Recks kennen die Schüler. Lediglich das Anbringen der Stangen in einem etwa gleichmäßigem Abstand muss der Sportlehrer ansagen.

Die Übersicht auf der folgenden Seite ermöglicht es, alles auf „einen Blick“ zu sehen. Diese Seite kann vom Sportlehrer kopiert werden und dient den Schülern als Aufbau- und Orientierungshilfe.

Zur Verfügung stehende Zeit: ca. 40 Minuten

- **Je Station: 6 - 8 Schüler**
- **Auf- und Abbau: 10 - 15 Minuten**
- **Übungszeit pro Station: 6 - 8 Minuten mit Wechselzeit**

---

1. **Station: Auf den großen Kasten klettern. Den oberen Holm überklettern und mit den Füßen auf den unteren Holm kommen. Danach auf den dreiteiligen großen Kasten und die davor stehenden kleinen Kästen absteigen.**

2 große Kästen, 1 Stufenbarren, Turnmatten, 1 kleiner Kasten

2. **Station: Slalomklettern von unten nach oben und von oben nach unten. Die Gitterleiter vorn und hinten mit Matten absichern.**

1 Gitterleiter, Turnmatten

3. **Station: An der unteren und mittleren Reckstange hochsteigen, die obere (dritte) Reckstange vorsichtig überklettern, zur anderen Seite stützeln und wieder absteigen.**

2 Reckpfosten, 3 Reckstangen, Turnmatten, Weichboden

BEWEGUNGSLANDSCHAFTEN
Abenteuerturnen organisieren – ermöglichen – Bestell-Nr. 12 266
KOHL VERLAG

3 Stationen: Steigen-Klettern

1. Station

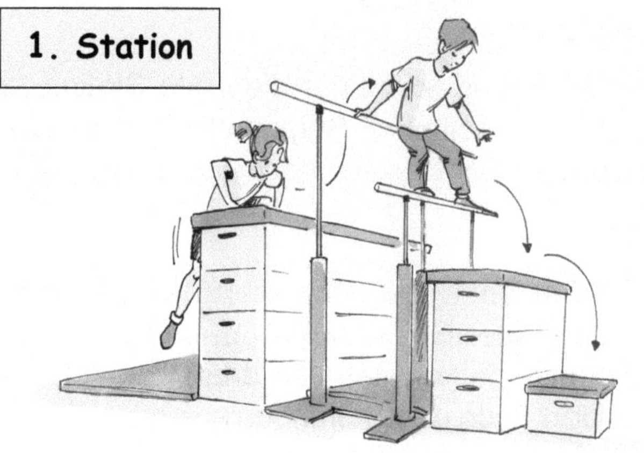

Auf den großen Kasten klettern. Den oberen Holm überklettern und mit den Füßen auf den unteren Holm kommen. Danach auf den dreiteiligen großen Kasten und die davor stehenden kleinen Kästen absteigen.
Umgekehrt: am kleinen Kasten beginnen ...

2 große Kästen, 1 Stufenbarren, Turnmatten, 1 kleiner Kasten

2. Station

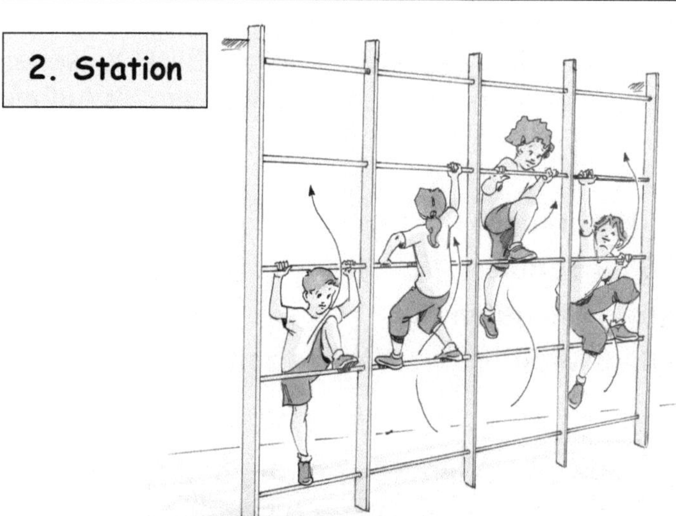

Slalomklettern von unten nach oben und von oben nach unten.
Die Gitterleiter vorn und hinten mit Matten absichern.

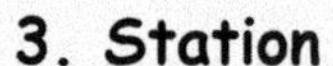

1 Gitterleiter, Turnmatten

3. Station

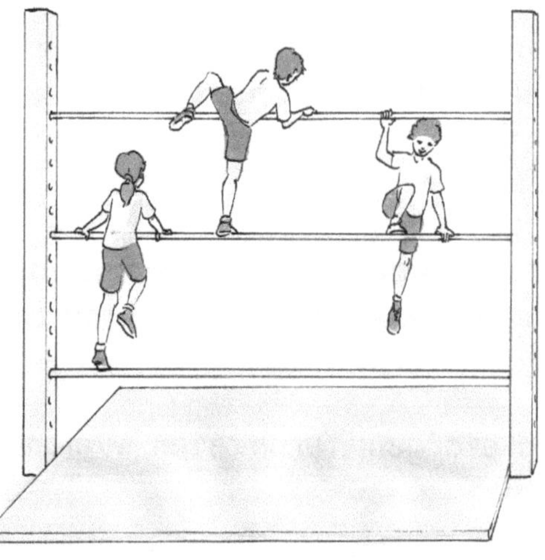

An der unteren und mittleren Reckstange hochsteigen, die obere (dritte) Reckstange vorsichtig überklettern, zur anderen Seite stützeln und wieder absteigen.

2 Reckpfosten, 3 Reckstangen, Turnmatten, Weichboden

BEWEGUNGSLANDSCHAFTEN
Abenteuerturnen organisieren – ermöglichen – Bestell-Nr. 12 266

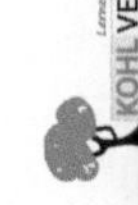

KOHL VERLAG

Bewegungsschwerpunkt „Steigen-Klettern“

Bewegungslandschaft: Steigen-Klettern-Springen-Balancieren - 4 Stationen

Doppelstunde – 90 Minuten

Die hier ausgewählten vier Gerätekombinationen sind besonders motivierend und abwechslungsreich, da überall Großgeräte eingesetzt werden. Der Aufbau ist umfang-reich und muss deshalb sorgfältig geplant werden. Die Übersicht auf der folgenden Seite kann kopiert und den Schülern in die Hand gegeben werden, dadurch erübrigen sich manche Hinweise. Die Anordnung der Gerätekombinationen ist abhängig von den fest installierten Geräten, Recke, Sprossenwand und Kletterstangen. Die Kletterstangen und die Sprossenwand können schon vor Beginn der Sportstunde herausgezogen und arretiert werden, die Schüler holen lediglich die noch fehlenden Geräte.

1. Station: Es werden zwei Barren benötigt, die aneinander aufgestellt werden. Die Einstellung der Holme zum Stufenbarren nimmt der Sportlehrer vor und arretiert sie.

3. Station: Das Befestigen der Seile unten und oben am mittleren Reck nimmt der Sportlehrer vor und überprüft die Sicherheit. Mit Sprungseilen werden die Seile oben und unten am Reckpfosten zusätzlich fixiert.

Tipp: Da alle Bewegungsaufgaben nach vorn ausgeführt werden, können die Stationen auch in Folge abgelaufen werden, z. B. wer an Station 4 beginnt, geht dann weiter zu Station 1, wer an Station 2 beginnt, geht weiter zu Station 3 usw.

Zur Verfügung stehende Zeit: ca. 80 Minuten

- **Je Station:** **4 - 6 Schüler**
- **Auf- und Abbau:** **15 - 20 Minuten**
- **Übungszeit pro Station:** **ca. 12 - 15 Minuten mit Wechselzeit**

---

1. Station: Vom kleinen Kasten auf den unteren Holm steigen und danach über die schmale Holmengasse der oberen Holme klettern – die Hände sichern dabei. Vom unteren Holm des zweiten Stufenbarrens auf den Weichboden springen.

Stufenbarren, 1 kleiner Kasten, Turnmatten, 1 Weichboden

2. Station: Auf den großen Kasten klettern, auf die Turnbank absteigen und aufwärts gehen. Anschließend an der Sprossenwand rechts oder links hinabsteigen oder runterspringen.

Sprossenwand, 1 Turnbank, 1 großer Kasten, Turnmatten

3. Station: Balancieren über die erste Reckstange, auf das untere Seil steigen, über Kopf mit den Händen das andere Seil fassen und vorwärts balancieren/hangeln. Dann wieder über die zweite Reckstange balancieren.

4 Reckpfosten, 2 Reckstangen, 2 Seile (Taue), Sprungseile zum Fixieren

4. Station: Auf den großen Kasten klettern und mit beiden Händen über Kopf die erste Stange greifen. Mit einer Hand die nächste Stange greifen und so von Stange zu Stange klettern/hangeln – bis zum großen Kasten auf der anderen Seite. An den Seiten können auch kleine Kästen eingesetzt werden.

4 - 6 Kletterstangen, Turnmatten, 2 mittelhohe große Kästen oder kleine Kästen

BEWEGUNGSLANDSCHAFTEN
Abenteuerturnen organisieren – ermöglichen – Bestell-Nr. 12 266

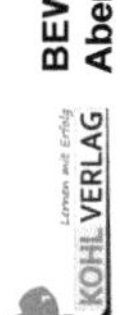

4 Stationen: Steigen-Klettern-Springen-Balancieren

1. Station

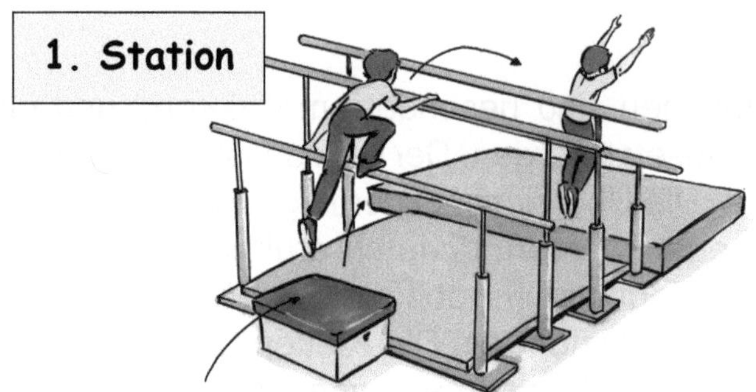

Vom kleinen Kasten auf den unteren Holm steigen und danach über die schmale Holmengasse der oberen Holme klettern – die Hände sichern dabei. Vom unteren Holm des zweiten Stufenbarrens auf den Weichboden springen.

2 Stufenbarren, 1 kleiner Kasten, Turnmatten, 1 Weichboden

2. Station

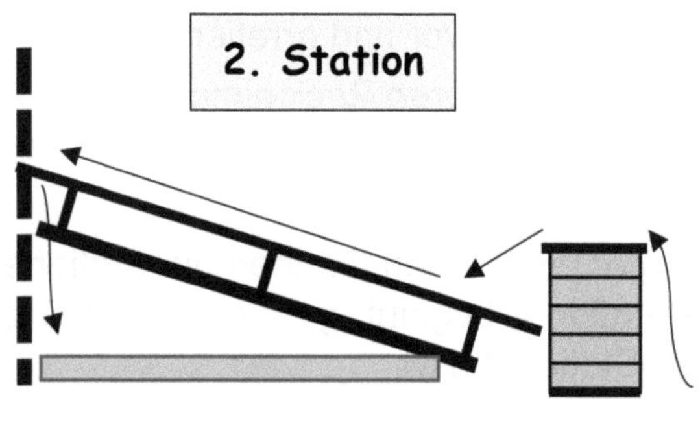

Auf den großen Kasten klettern, auf die Turnbank absteigen und aufwärts gehen. Anschließend an der Sprossenwand rechts oder links hinabsteigen oder runterspringen. Umgekehrt: die Sprossenwand hochsteigen, auf der Turnbank abwärts gehen oder rutschen, auf den Kasten klettern und Sprung auf die Matte.

Sprossenwand, 1 Turnbank, 1 großer Kasten, Turnmatten

3. Station

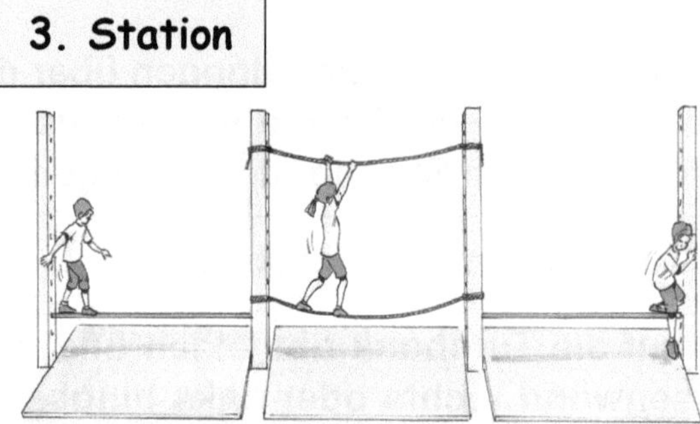

Balancieren über die erste Reckstange, auf das untere Seil steigen, über Kopf mit den Händen das andere Seil fassen und vorwärts balancieren/hangeln. Dann wieder über die zweite Reckstange balancieren.

4 Reckpfosten, 2 Reckstangen, 2 Seile (Taue), Sprungseile zum Fixieren der Seile

4. Station

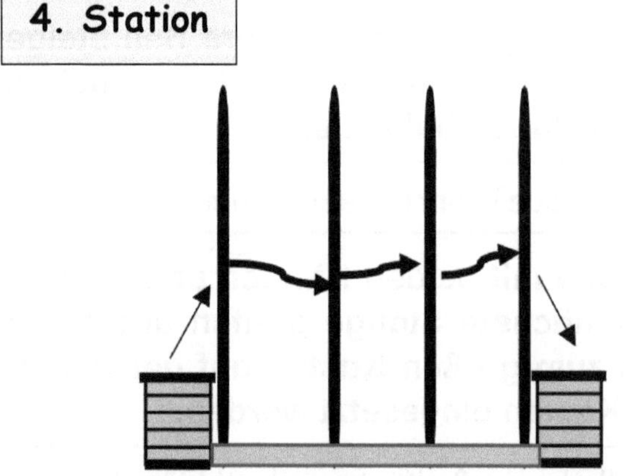

Auf den großen Kasten klettern und mit beiden Händen über Kopf die erste Stange greifen. Mit einer Hand die nächste Stange greifen und so von Stange zu Stange klettern/ hangeln – bis zum großen Kasten auf der anderen Seite. An den Seiten können auch kleine Kästen eingesetzt werden.

4 - 6 Kletterstangen, Turnmatten, 2 mittelhohe große Kästen oder kleine Kästen

udi Lütgeharm

tundenbilder Sport

ertig ausgearbeitete Stundenbilder für einen effektiven und ab-
echslungsreichen Sportunterricht. Jeder Band enthält **zehn me-
odische Übungsreihen** mit genauen Angaben zu Zielgruppen,
elen und den benötigten Geräten.

Koordination, Kondition & Bewegung	14 003
Geräteturnen mit Spaß & Spannung	14 004
Leichtathletik & Bewegung	14 005

32/36 Seiten | ab 11,99 € | Alle Stufen

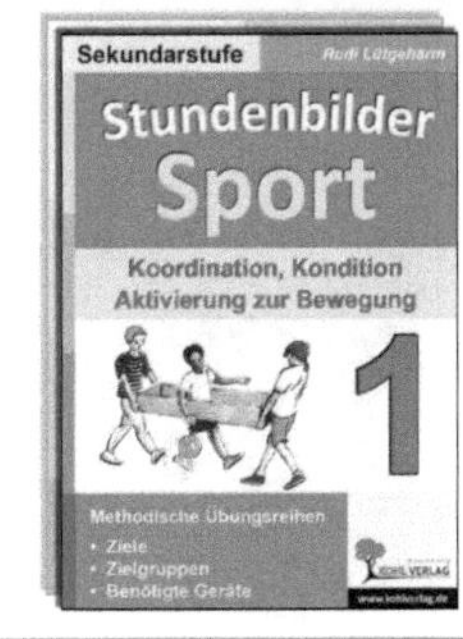

udi Lütgeharm

tationenlernen Sport

ationenlernen kennen die meisten Schüler*innen in Form des be-
nnten Zirkeltrainings. Es kann als Einstieg in ein Thema dienen, z.B.
ernen der Flugrolle oder auch als Verbesserung konditioneller Fähig-
eiten eingesetzt werden, z.B. Schulen und Verbessern der Sprung-
aft. Dieses Buch beinhaltet sofort umsetzbare Vorschläge zur
chulung konditioneller und koordinativer Fähigkeiten und zum
ernen/Üben von Bewegungsfertigkeiten aus der Leichtathletik
nd dem Gerätturnen.

64 Seiten | 12 800 | ab 14,99 €

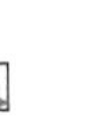

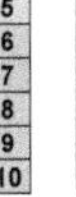

5 6 7 8 9 10

udi Lütgeharm

eichtathletik ... für Kinder & Jugendliche

ne große Anzahl von kleinen Spielen, um die Voraussetzungen für
as Laufen, Springen und Werfen spielerisch zu verbessern. Ziel-
erichtete Übungsformen, um die Schüler auf die eigentlichen Ziel-
ungen vorzubereiten. Mit erprobten methodischen Übungsreihen
erden die Grundformen kleinschrittig vermittelt und Möglichkeiten der
ifferenzierung aufgezeigt. Aussagekräftige Skizzen und Abbildungen
gänzen den jeweiligen Text. So wird Leichtathletik interessant und
bwechslungsreich gestaltet!

72 Seiten | 12 345 | ab 15,99 € | Alle Stufen

udi Lütgeharm

ewegungslandschaften

tarkes Abenteuerturnen

ei einer „Bewegungslandschaft" werden übliche Turn- & Sportgeräte
neuartigen Gerätekonstellationen zusammengestellt. Es entsteht ein
piel- & Übungsangebot, das zum Steigen, Klettern, Rutschen, Han-
eln, Schaukeln, Stützen, Kriechen, Balancieren etc. auffordert. Dieser
and zeigt auf, wie man Bewegungslandschaften organisiert, nennt den
eräteeinsatz und Sicherheitsmaßnahmen.

92 Seiten | 12 266 | ab 17,49 € | Alle Stufen

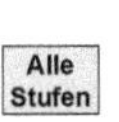

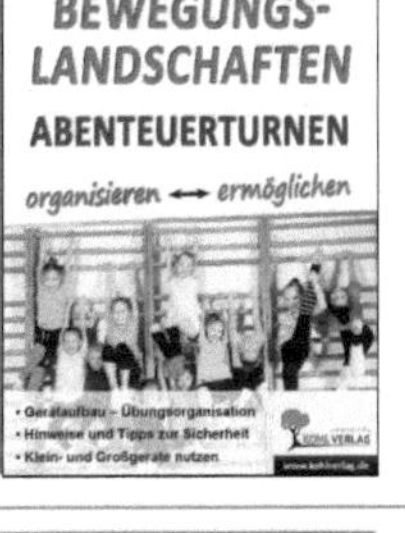

andi Koeck

portklettern – ein Ratgeber

raktische Tipps und Anregungen

portklettern ist ein wichtiger Bestandteil des modernen Sportunter-
chts. Klettern verbessert das ganzheitliche Bewegungshandeln und
ptimiert Körperhaltung und Körperbeherrschung. Wahrnehmungsfä-
gkeit und Raumgefühl sowie die Aufmerksamkeit werden durch das
ettern geschult. Ganz nebenbei werden Kondition und Muskeln ge-
ärkt!

36 Seiten | 11 924 | ab 10,99 € | Alle Stufen

udi Lütgeharm

leine Spiele im Sportunterricht

paß, Spannung & Erfolgserlebnisse

ne große Auswahl von Spielen mit vielen Variationen und Tipps
ur praktischen Durchführung. Die Spielideen werden ausführlich be-
chrieben und mit Abbildungen und Skizzen veranschaulicht. Angaben
ur Spieleranzahl, zum Spielfeld, zum benötigten Material, zur Wertung
nd ergänzende Hinweise machen den Einsatz und die Umsetzung der
einen Spiele einfach.

120 Seiten | 11 094 | ab 17,49 € | Alle Stufen

udi Lütgeharm

as Zirkusbuch - *Alle machen mit!*

nzel-, Partner- & Gruppenaufgaben

krobatik mit dem Partner/in der Gruppe, jonglieren, Gleichgewichts-
alten mit Rollbrett „Rola-Bola" und Clownerien ... Der Band führt die
ewegungsabläufe in Lernschritten ein, damit sie als Grundlage für
en Unterricht einzusetzen sind. Es veranschaulicht auch, wie geeig-
ete Bewegungskunststücke ausgewählt und methodisch aufbereitet
erden.

68 Seiten | 11 643 | ab 13,49 € | BF | Alle Stufen

Hermann Krämer-Eis

Attraktiver Sportunterricht für die kleine Halle

Motivierende Übungen & Spiele

Attraktive Übungseinheiten und motivierende Sportspiele sind für eine Sportstunde wie das Salz für die Suppe, ob zur allgemeinen Erwärmung, als Abschlussspiel oder als Hauptteil. Die zahlreichen, selbst kreierten und jahrelang praktizierten Spiel- und Übungsformen mit detaillierten Hinweisen zur allgemeinen Organisation, zum Sicherheitsaspekt und zum Lehrerverhalten helfen bei der Durchführung. Die sportmotorischen Fähig- und Fertigkeiten werden geschult und trainiert.

64 Seiten | 12 804 | ab 14,99 € | Alle Stufen

Rudi Lütgeharm

Kleine Spiele inklusiv spielen

Die Spielkultur verändern

Im Sportunterricht mit heterogenen Klassen bzw. Gruppen haben „Kleine Spiele" große Bedeutung. Im Vordergrund steht trotz unterschiedlicher Voraussetzungen und Bedürfnissen das gemeinsame Spielen mit- aber auch gegeneinander. Jeder Schüler soll gleichberechtigt und aktiv an der Spielgestaltung mitwirken und sich nach eigenem Können beteiligen.

INK

96 Seiten | 12 141 | ab 18,99 € | Alle Stufen

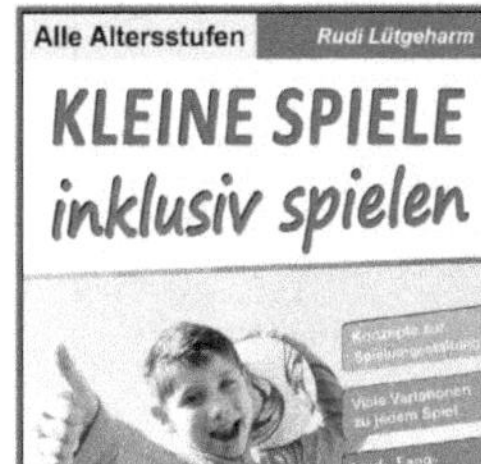

Rudi Lütgeharm

Inklusion im Sportunterricht

Anspruch und Möglichkeiten

Dieses Buch gibt u.a. Hilfen und zeigt praktische Möglichkeiten auf, zum Beispiel: 1. Differenzierung innerhalb einer Aufgabe/meth. Übungsreihe, 2. Unterschiedliche Belastungen, 3. Regeländerungen vornehmen und individuelle Techniken zulassen, 4. Bewegungsaufgaben stellen und soziales Lernen ermöglichen, 5. Materialvariation bei gleichem Lerngegenstand anbieten, 6. Sonder- bzw. Zusatzaufgaben stellen usw.

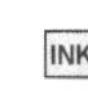

88 Seiten | 11 308 | ab 18,49 € | Alle Stufen

Hermann Krämer-Eis

Sport - Ratgeber Benotung

Hilfen zur Leistungsfeststellung

Der Band gibt Ihnen praxiserprobte Hilfestellungen an die Hand, die die Leistungsbeurteilung erleichtern. Es wird dabei bewusst darauf verzichtet, fachlich zwar begründbare, aber rein subjektiv vorzunehmende Fähigkeits- oder Fertigkeitsnachweise für die jeweilige Altersstufen aufzulisten, sondern der Fokus liegt auf einer möglichst messbaren Leistungsfeststellung.

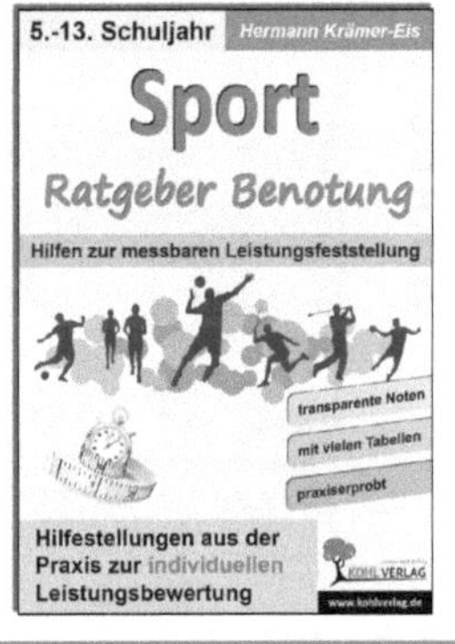

68 Seiten | 12 829 | ab 15,99 € | Alle Stufen

Schwimmen

Mark Heyde

Schwimmunterricht

Eine gelungene Schwimmausbildung minimiert Gefahrensituationen und schafft Erfolge. Die Rahmenvorgaben für den Schwimmunterricht werden mit zahlreichen sinnvollen Aufgaben auf Stationskarten umgesetzt. Laminiert sind sie wasserfest und immer wieder einsetzbar. Im Übungsteil für die Lernenden werden einige wesentliche Inhalte der klassischen Schwimmausbildung aufgegriffen und in einfacher Form dargestellt (Baderegeln, Checklisten, Sicherheitsbestimmungen...).

40 Seiten | 12 208 | ab 11,99 € | Alle Stufen

Rudi Lütgeharm

Schwimmen lernen & üben

praxisnah & anschaulich

Dieses Buch beschreibt zunächst die Voraussetzungen für das Schwimmenlernen und benennt auch die Vor- und Nachteile der eventuellen Anfängerschwimmart. Es folgen klare und sofort umsetzbare Lernschritte/Übungsreihen mit Hinweisen zum Lernen und Üben der Schwimmtechniken Brust-, Kraul- und Rückenschwimmen, die "Schritt für Schritt", meistens ganzheitlich erlernt werden können.

5 6 7 8

60 Seiten | 12 715 | ab 14,99 €

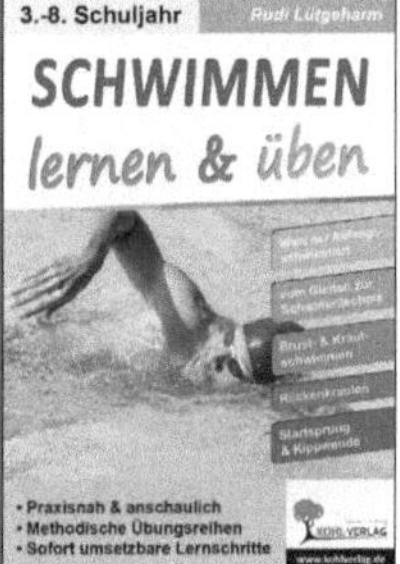

Andreas von Hoff

Boomwhackers – How to start!

Ohne großen Vorbereitungsaufwand sofort mit der ganzen Klasse musizieren! In einfachen Lernschritten werden die Schüler vom gleichmäßigen Zusammenspiel zum rhythmisch-melodischen Ensemble geführt. Erlernt und vertieft werden Viertel- und Achtelnotenwerte im 4/4 Takt sowie einfache Songstrukturen von beliebiger Länge. ***Die Umsetzung der Rhythmusvorgaben ist kinderleicht!***

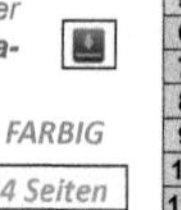

FARBIG

1	Ganz einfache Einstiege	10 804	je 44 Seiten
2	Melodie und Harmonie	10 811	ab 21,49 €

Klasse 5 6 7 8 9 10 11-13

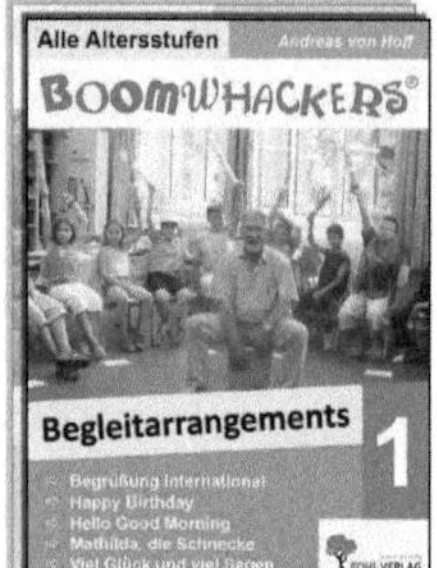

Andreas von Hoff

Boomwhacker-Begleitarrangements

Einfache und sofort umsetzbare Arrangements. Mit einer Begleit-CD, Hörbeispielen und Begleitarrangements.

Band 1: Begrüßung International; Happy Birthday; Hello Good Morning; Mathilda, Die Schnecke; Viel Glück und viel Segen; Another Brick In The Wall

Band 2: Die Affen rasen durch den Wald; Wenn der Sommer kommt; Wie Eis in der Sonne; Wir machen Pa-Pa-Pa

Band 3: Oh, when the Saints; feliz navidad; jingle bells; We Wish You a Merry Christmas

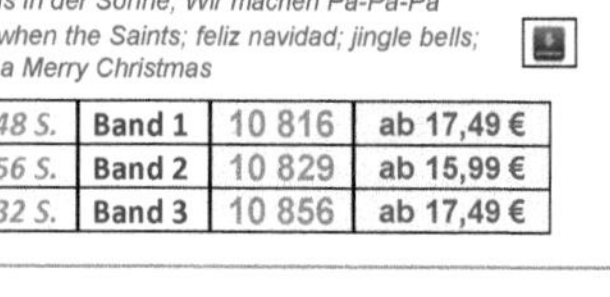

FARBIG

48 S.	Band 1	10 816	ab 17,49 €
56 S.	Band 2	10 829	ab 15,99 €
32 S.	Band 3	10 856	ab 17,49 €

Klasse 5 6 7 8 9 10 11-13

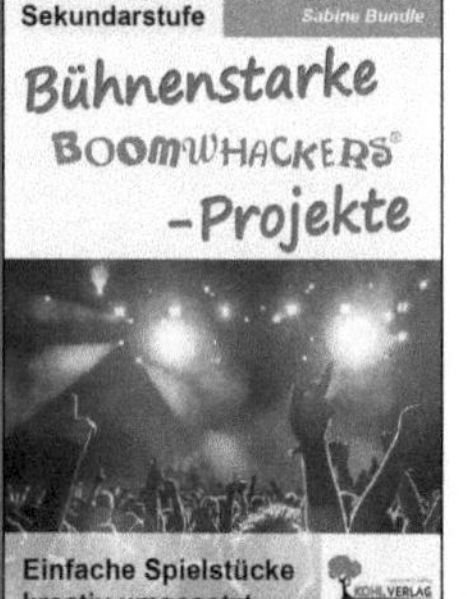

Sabine Bundle

Bühnenstarke Boomwhacker-Projekte

Einfache Spielstücke kreativ umgesetzt

Die Aufführung steht an, die bunten Röhren warten auf ihren Einsatz. Mit den Spielstücken wird die Bühne gerockt. Einfache Anleitungen und Ideen zur Umsetzung machen es auch fachfremd Unterrichtenden möglich, die Schüler zu motivieren. Mit ausführlichen Anleitungen, Spielkarten für jede Stimme, Umsetzungsideen & -tipps.

FARBIG | 32 Seiten | 12 199 | ab 17,49 € | Alle Stufen

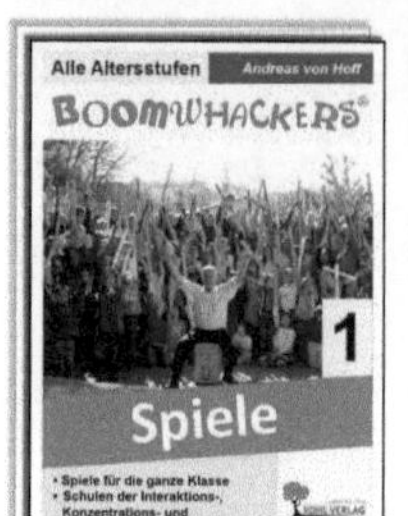

Andreas von Hoff

Boomwhackers - Spiele

Sie brauchen kreative Anregungen zum Einsatz der Boomwhacke Andreas von Hoff hat an über 100 Schulen mit mehr als 12.000 Sch lern gearbeitet. Aus den dabei gewonnenen Erfahrungen entstand diese Bände mit sechzehn abwechslungsreichen und motivierend Boomwhackers-Klassenspielen, die ohne großen Aufwand in die Pra umzusetzen sind. Die Hälfte dieser Spiele lässt sich auch gut bei A führungen einsetzen!

24 S.	1	Spiele	10 840	ab 10,99 €
32 S.	2	Noch mehr Spiele	10 946	ab 10,99 €

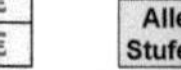

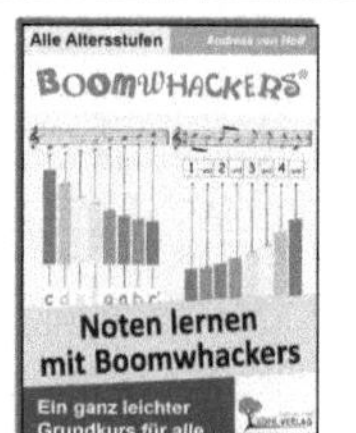

Jo van Bosch

Boomwhackers ... für kleine Gruppen

Wenige Boomwhackersets genügen schon, um die dreistimmigen, einfa umzusetzenden Arrangements im Unterricht/bei Schulaufführungen umzus zen. Auch für fachfremd Unterrichtende geeignet!

FARBIG | 36 Seiten | 11 831 | ab 15,99 €

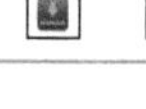

Andreas von Hoff

Noten lernen mit Boomwhackers

Ein ganz leichter Grundkurs für alle

Noten lernen kann richtig Spaß machen: mit Boomwhackers! Dieser Ba beschäftigt sich handlungsorientiert mit Vierteln und Achteln und fordert zu Experimentieren auf. Mithilfe des Zusatzmaterials zum Download lassen si auch eigene Varianten erstellen.

FARBIG | 32 Seiten | 10 892 | ab 16,49 € | Alle Stufe

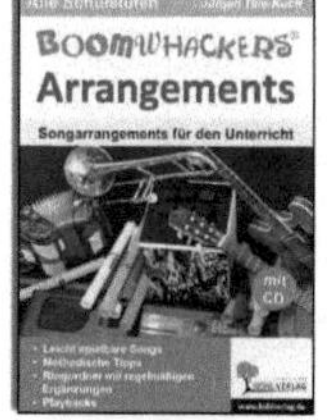

Jürgen Tille-Koch

Boomwhacker-Begleitarrangements

Die Arrangements sind einfach gehalten, das Konzept orientiert sich an d instrumentalen Ausstattung Ihrer Schule. Die notierten Boomwhacker-/Cajo stimmen können wie alle anderen Notierungen sowohl vom trad. Instrume tarium (z.B. Percussions, Klavier, etc.) oder von aktuellen Instrumenten (z. Schlagzeug, E-Gitarre, Keyboard, etc.) übernommen werden.

FARBIG | 40 Seiten | 11 352 | ab 17,49 € | Alle Stufe

Musik

Sport & Fitness

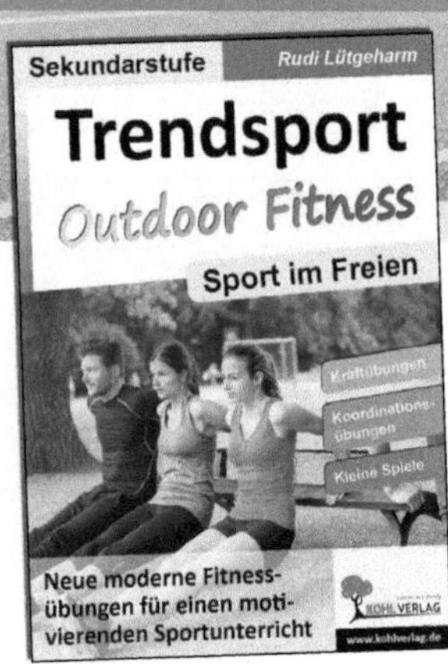

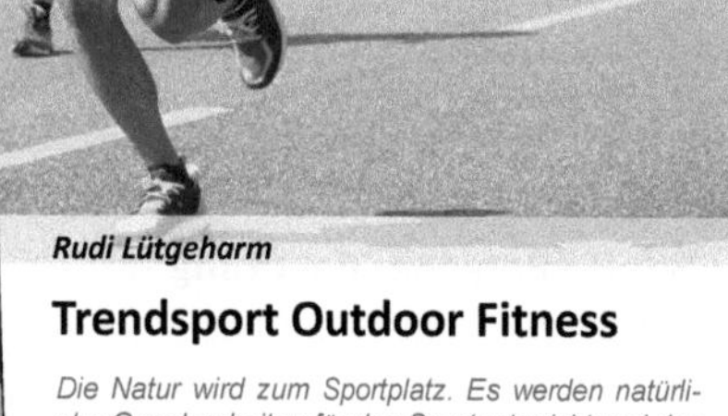

Rudi Lütgeharm

Trendsport Outdoor Fitness

Die Natur wird zum Sportplatz. Es werden natürliche Gegebenheiten für den Sportunterricht und das Fitnesstraining genutzt. Der Sportlehrer muss die situativen Bedingungen und die sich daraus ergebenden Übungsmöglichkeiten zunächst erkennen und dann entsprechende Übungen für seine Schüler anbieten. Im Freien lassen sich das Lauf- und Krafttraining gut kombinieren.

64 S. | 12 346 | ab 14,49 € | Alle Stufen

Friedhelm Heitmann

Allgemeinwissen fördern SPORT

Grundkenntnisse in kleinen Portionen

Sport wird unter diversen Gesichtspunkten betrachtet. Zunäch wird die historische Entwicklung des Sports dargestellt. Zu de vielen Inhalten des Bandes gehören Themen wie die Olympische Spiele, Mädchen und Frauen im Sport, Breiten- sowie Leistung sport, Sport und Gesellschaft ... Der Band umfasst auch Theme wie Training im Sport, Sportmedizin, Ernährung. Hinzu komme Vorlagen zur Darstellung des eigenen Sport-Profils, des Sport-Ido eines Sportvereins.

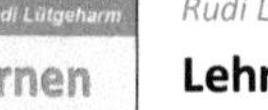

72 Seiten | 12 343 | ab 14,99 € | FÖ | PDF plus | Alle Stufe

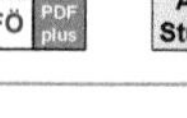

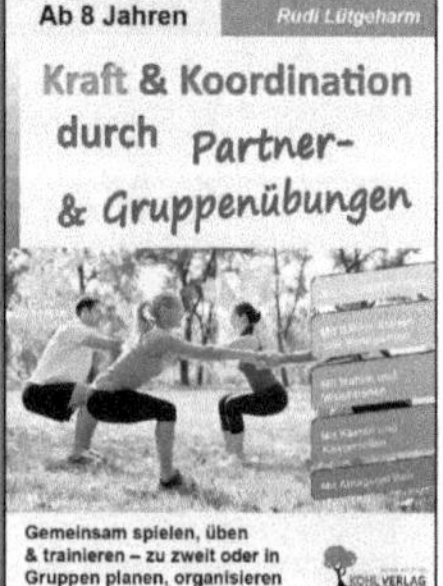

Rudi Lütgeharm

Kraft & Koordination

durch Partner- & Gruppenübungen

Im Mittelpunkt steht das Schulen der Grundtätigkeiten und das Verbessern der konditionellen und koordinativen Fähigkeiten. Aus der Vielzahl möglicher Übungen wird hier eine Auswahl angeboten, die unter Einsatz von Geräten wie Taue, Bälle, Kastenteile, Stäbe, Turnbänke, Matten, Weichböden und Alltagsgeräte besonders motivierend auf Kinder und Jugendliche wirken. Partner- und Gruppenübungen sind auch in heterogenen Klassen/Gruppen ohne viel Aufwand sofort umsetzbar.

48 Seiten | 12 716 | ab 13,49 € | Alle Stufen

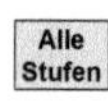

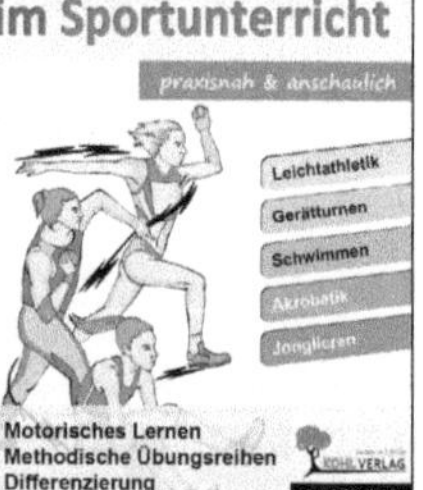

Rudi Lütgeharm

Lehren & Lernen im Sportunterricht

Eine ganz wichtige Voraussetzung für die Durchführung d Sportunterrichtes ist die Kenntnis über motorische Lernprozess Dieser Band vermittelt die Phasen des motorischen Lernens v der Grob- zur Feinform bis hin zur Stabilisierung und variabl Verfügbarkeit. Hier sind eine große Anzahl sofort umsetzbarer m thodischer Übungsreihen zum Lernen und Üben der wichtigste Bewegungsfertigkeiten in der Leichtathletik, im Gerätturnen, Schwimmen und bei den großen Spielen. Die kleinschrittige G staltung ermöglicht eine Differenzierung.

96 Seiten | 12 579 | ab 18,49 € | Alle Stufe

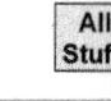

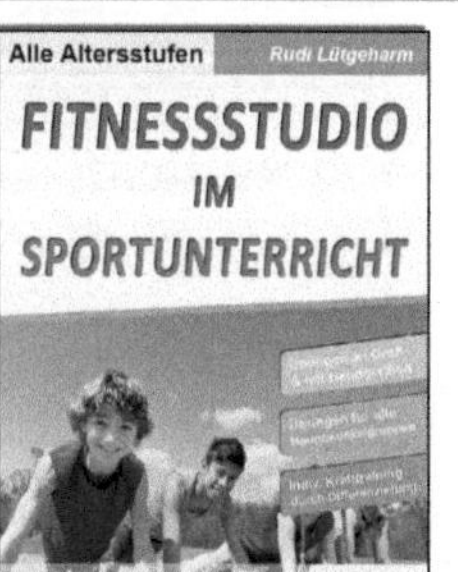

Rudi Lütgeharm

Fitnessstudio im Sportunterricht

Krafttraining in Einzel-, Partner- und Gruppenübungen

Wir holen das Fitnessstudio in die ganz normale Sporthalle. Auch im regulären Unterricht ist es möglich, ähnliche Angebote wie im Fitnessstudio zu bieten. Funktionelle Übungen zu Muskeltraining, Ausdauer und Häufigkeit, Beweglichkeit und Kräftigung werden erklärt. Vorschläge zum individuellen Krafttraining durch Differenzierung und ausführliche Beschreibungen zu allen Übungen gewährleisten einen modernen und inhaltlich neu ausgerichteten Sportunterricht.

112 Seiten | 12 200 | ab 18,99 € | Alle Stufen

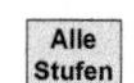

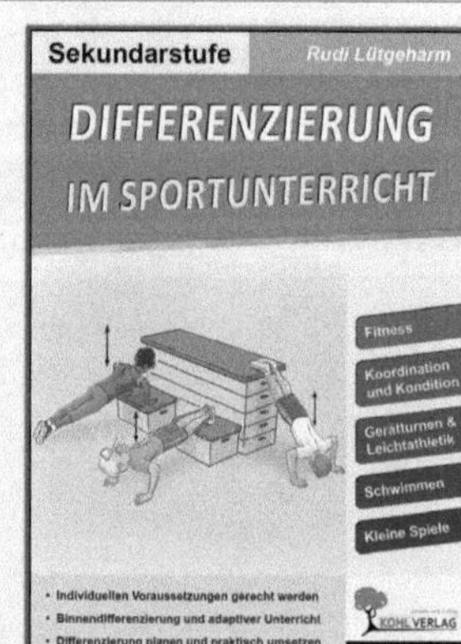

Rudi Lütgeharm

Differenzierung im Sportunterricht

NEU

Der Umgang mit motorisch schwächeren, ängstlichen, hyperaktiven, konzentrationsschwachen und gehandicapten, aber natürlich auch mit besonders leistungsstarken Schülern ist in der Regel der pädag gische Normalfall. Der Sportlehrer muss differenzieren, d mit alle Schüler aktiv am Sportunterricht teilnehmen könne und ihnen Erfolgserlebnisse ermöglicht werden.

Dieses Buch zeigt die Möglichkeiten eines differenzierte Sportunterrichts auf und nennt ***Sofort umsetzbare Pra tische Beispiele für den SEK I aus den Sportarten** ...*

Fitness / Koordination & Kondition / Schwimmen / Gerätturnen & Leichtathletik / Spiele

48 Seiten | 13 020 | ab 14,49 € | Alle Stufe

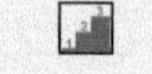

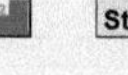